懐かしい
沿線写真で訪ねる

南武線
鶴見線

街と駅の1世紀

生田 誠

昭和の
街角を
紹介

撮影：小川峯生

中央線から転入し、カナリア色に塗り替えられた101系900番代の 試作車。西国立付近。昭和52年11月。

アルファベータブックス

CONTENTS

はしがき ……………………… 4

第1部　南武線

川崎 ………………………………… 6
尻手 ………………………………… 12
矢向 ………………………………… 14
鹿島田 ……………………………… 16
平間 ………………………………… 18
向河原 ……………………………… 20
武蔵小杉 …………………………… 22
武蔵中原 …………………………… 24
武蔵新城 …………………………… 26
武蔵溝ノ口 ………………………… 28
津田山 ……………………………… 32
久地 ………………………………… 34
宿河原 ……………………………… 36
登戸 ………………………………… 38
中野島 ……………………………… 42
稲田堤 ……………………………… 44
矢野口 ……………………………… 46
稲城長沼 …………………………… 48
南多摩 ……………………………… 50
府中本町 …………………………… 52
分倍河原 …………………………… 56
西府 ………………………………… 58
谷保 ………………………………… 60
矢川 ………………………………… 62
西国立 ……………………………… 64
立川 ………………………………… 66
八丁畷、川崎新町、浜川崎 ……… 70

第2部　鶴見線

鶴見 ………………………………… 74
国道、鶴見小野、弁天橋 ………… 76
浅野、安善、武蔵白石 …………… 78
浜川崎、昭和、扇町 ……………… 84
新芝浦、海芝浦、大川 …………… 86

南武鉄道時刻表（昭和15年10月）

鶴見臨港鉄道時刻表（昭和15年11月）

「鉄道省監修時刻表」

南武鉄道沿線案内図（昭和5年）

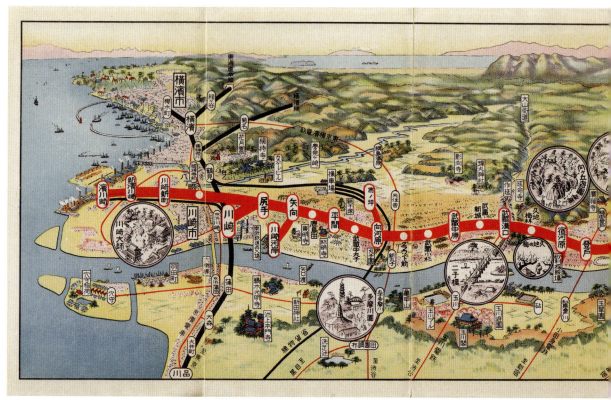

所蔵：横浜都市発展記念館

国鉄南武線、鶴見線時刻表（昭和33年4月）

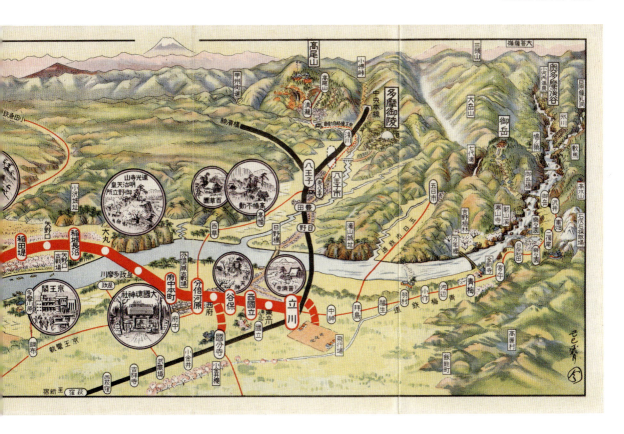

まえがき

　東海道線の川崎駅、鶴見駅を起点にした2本のJR線が、南武線、鶴見線である。戦前に誕生した私鉄起源の路線で、ともに支線を有しているが、現在の両線の性格、役割はかなり異なっている。本書は両線の歴史と歩み、沿線各駅のいまについて、写真と文書で紹介するものである。

　南武線は神奈川県の川崎駅と東京都の立川駅を結ぶ本線と、川崎市内の尻手駅と浜川崎駅を結ぶ浜川崎支線、尻手駅と新鶴見信号場を経由して鶴見駅を結ぶ尻手短絡線（貨物線）で構成されている。まずは、南武線の本線から紹介を始めよう。

　この線の誕生は昭和2（1927）年3月、南武鉄道の川崎～登戸間が開業し、途中駅として9駅が置かれた。その後、三度の延伸で昭和4（1929）年12月、立川駅まで全通している。開業当初は単線であったが、すぐに複線化が進められ、戦前に大半の区間が複線化された。昭和19（1944）年4月に国有化され、国鉄南武線となった。全線の複線化が完成するのは昭和41（1966）年9月である。

　南武線は多摩川に沿って敷かれており、多摩川で採取される砂利、沿線工場への原材料の輸送という役割も担っていた。貨物線を除いては当初から電化されており、電気機関車（当初は蒸気機関車）も活躍。晩年のED16などが所属する立川機関区も存在していた。また、鉄道ファンには、旧型国電が走る路線としても有名だった。しかし、この南武線沿線も時間の経過とともに各地で宅地化が進み、首都圏を縦断する通勤・通学路線として、重要な役割を果たすようになる。現在は昭和53（1978）年全通の武蔵野線と結ばれて、首都圏をめぐる東京外環状線の一部となっている。

　この南武線は沿線の主要駅で、東京方面から来る私鉄各線と連絡している。武蔵小杉駅で東急東横線と目黒線、武蔵溝ノ口駅で東急田園都市線と大井町線、登戸駅で小田急線、稲田堤駅で京王相模原線、分倍河原駅で京王線と接続し、沿線に住む人々は乗り換え、乗り継ぎで、首都圏の各ターミナル駅、地下鉄線に向かうことができる便利さが増している。

　一方、鶴見線は大正15（1926）年3月に鶴見臨港鉄道として開業、昭和18（1943）年7月に国有化され、国鉄の鶴見線となった。現在は鶴見駅と扇町駅を結ぶ本線、浅野駅から海芝浦駅までの海芝浦支線、武蔵白石駅から大川駅までの大川支線が存在する。この3線はいずれも鶴見駅から海側へ延びる路線であり、沿線は工場地帯で旅客輸送のほとんどは工場に勤務する従業員である。そのため、朝夕の通勤時間帯以外は列車の本数も減らされている。一方、工場で生産される製品や原材料などの貨物輸送は盛んである。

　この鶴見線には当初、各駅に駅員が配置されていたが、昭和46（1971）年に起点である鶴見駅を除く全駅で無人化が実施された。そのため、鶴見駅での集中改札が必要となり、東海道線（京浜東北線）、鶴見線の2つの改札口が設置されている。なお、浜川崎駅において、南武線浜川崎支線と鶴見線は連絡している。

府中本町付近を走るクモハ11＋クハ16。

第1部
南武線

南武鉄道に起源を持つ南武線は、昭和2(1927)年3月に川崎～登戸間が開業。昭和4(1929)年12月に立川駅まで全通した。当初は多摩川の砂利輸送など貨物線の色が強かったが、現在は通勤・通学客が多く利用する首都圏の郊外路線となっている。川崎～立川間を結ぶ約35kmの本線に26の駅が置かれ、浜川崎支線(3駅)、尻手短絡線の2本の支線がある。

南武鉄道図絵（昭和2年）

所蔵：横浜都市発展記念館

富士山と多摩御陵を背景にして、武蔵野を走る南武線の電車。たった1両だが、堂々たる大きさで描かれている。その手前には、支線を走る小さな蒸気機関車の姿もある。右手には多摩川の流れ、左手には鶴見の名所、總持寺と花月園が見える。手前には、川崎大師とともに東京府側の穴守稲荷も描かれている。

Kawasaki St.
川崎
かわさき

南武線の始発駅、
東海道・京急線に連絡
南武鉄道は昭和2年開業、19年国有化

所在地	神奈川県川崎市川崎区駅前本町26-1
ホーム	3面6線(地上駅(橋上駅))
乗車人数	204,153人
開業年	明治5(1872)年7月10日
キロ程	0.0km(川崎起点)

昭和30年

提供:川崎市市民ミュージアム

▲川崎駅東口
タクシー、路線バスがズラリと並んだ川崎駅東口の駅前。手前には高架化される前の京急本線、奥には煙突がそびえ、時代を物語る風景となっていた。

昭和43年　撮影:荻原二郎

▲川崎駅西口
現在とは比べものにならない小さな地上駅舎だったころの川崎駅西口。左手奥には、ひと昔前の川崎日航ホテルの姿も見える。

▼川崎駅
木造駅舎があったころの川崎駅。市内交通の主役だった人力車がある一方で、新しい時代の交通を担う自動車の姿も見える。跨線橋の下のホームには貨物列車が停車している。

現在

◀川崎駅東口
川崎駅の東口は駅ビル「アトレ川崎」と一体化している。駅前広場を挟んだ京急本線の高架側に路線バスのバスターミナルが設けられている。

現在

大正期
所蔵:生田誠

◀川崎駅西口
再開発が行われて「ラゾーナ川崎」が生まれたしたことで、川崎駅西口駅前の風景は一変した。北側には「ソリッドスクエア」が誕生した。

　南武線の始発駅は政令指定都市、人口140万人を超える神奈川県川崎市の玄関口、川崎駅である。この川崎駅は明治5(1872)年7月、新橋～横浜間に鉄道が開業する前の品川～横浜間の仮開業時に誕生している。なお、仮開業当初(6月)は途中駅が設置されず、その1ヵ月後に川崎、神奈川(のちに廃止)駅が開業した。

　南武線の前身である南武鉄道は昭和2(1927)年3月、川崎～登戸間が開通し、国鉄線との乗り換え駅である川崎駅が開業した。国営化されて南武線となるのは、太平洋戦争下の昭和19(1944)年4月である。

　鉄道が開通する前、江戸時代の川崎は品川に次ぐ東海道2番目の宿場町だった。この宿場は東海道成立当初は存在せず、元和9(1623)年に設置されている。明治維新後に川崎4宿が「川崎駅(地名)」となり、明治22(1889)年に川崎駅と堀之内村が合併して、川崎町が成立した。大正13(1924)年、川崎町と大師町・御幸村が合併し、現在の川崎市が誕生している。

　川崎といえば、古くから川崎大師(平間寺)が有名で、ここは駅の東約2kmの離れた場所にある。また、明治以降は京浜工業地帯の中心地のひとつとなり、多くの工場が存在してきた。その後、一部の工場は移転、再開発が行われている。

川崎駅東口の京急本線 昭和30年代

昭和41年に高架化される前、地上を走っていたころの京急本線。国鉄の駅前では周辺の風景と調和していた。

提供：川崎市市民ミュージアム

南武線の209系 現在

南武線の209系は平成5年に1編成が新製投入。3年後に1編成増備され、さらに平成21年に京浜東北・根岸線から改造車2200番代が3編成転属した。E233系投入により廃車が進み、現在は1編成のみとなった。

古地図探訪　川崎駅付近

　この時代、川崎駅は工場群に囲まれる形になっている。北から幸町に明治製糖会社、堀川町に東芝電気工業会社堀川工場、大宮町に東芝金属試作課、古川通に東京製線川崎工場、日本電線会社などがある。そうした工場とともに、駅の北西に東鉄川崎変電所があり、少し離れた駅の南西に東鉄自動車区があった。

　駅南側には、多くの映画場（館）が集まる興行街（川崎映画街）があった。また、駅北側の幸町一丁目には、女体神社という珍しい名前の神社が鎮座している。旧・南河原村の鎮守社で、多摩川の氾濫を鎮めるために身を投じた女性を祭るものと伝えられている。地図の左下に延びる貨物線は、昭和48年に第一京浜付近までの区間が廃止された。

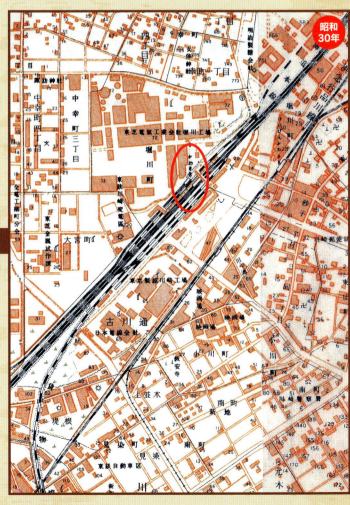

昭和30年

🔺京浜川崎駅付近
昭和41年に本線が高架化され、大師線との二層構造になった京浜川崎駅。昭和61年に京急川崎駅に駅名を改称している。

🔺川崎駅東口の噴水広場
かつての川崎駅東口には、噴水を中心にした円形の広場があり、工業都市・川崎の中で市民の憩いの場となっていた。

◀市電川崎ターミナルの207号

昭和31年

第二次世界大戦の最中、川崎市内には軍需工場の増え、そこで働く人たちへの通勤輸送のため、昭和19年に川崎市電が開通した。しかし、バス路線網の充実により昭和44年に全線が廃止。写真の200形は東京都電の木造車1400形・1500形を譲り受け、後に鋼体造された。

撮影：J.WALLY HIGGING

▶川崎駅前のボンネットバス

昭和30年代

現在も運行されている土手回りの上平間行きの川崎市バスは、こんなボンネットバスで運行されていた。三和銀行の看板も懐かしい。

撮影：満田新一郎

◀京急本線の川崎駅付近

昭和31年

地上を走っていたころの京急本線、国鉄の川崎駅前を走る姿。京急420形2両編成による浦賀行きの列車である。

撮影：J.WALLY HIGGING

川崎駅付近の空撮
市電通りと呼ばれていた広い県道140号線が左側を通り、右上（北東）には多摩川の蛇行する流れがある。国鉄線の南側には、高架化が進められていた京急本線が見える。

国鉄線

日本電線

高架工事中の京浜急行

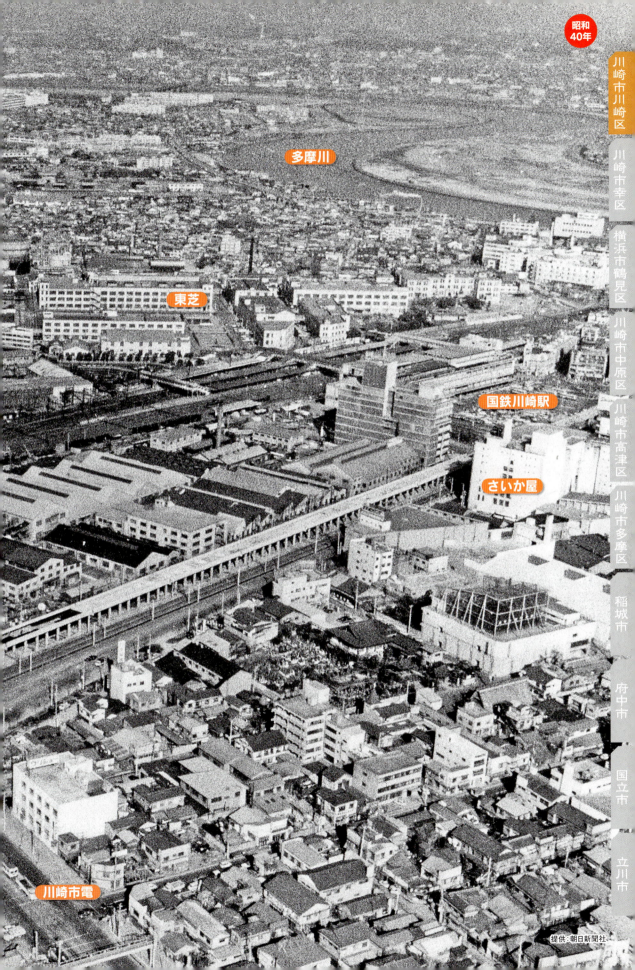

shitte St.

尻手(しって)

昭和2年、川崎・横浜両市の境界に設置 浜川崎方面への支線、尻手短絡線が分岐

所在地	神奈川県川崎市幸区南幸町3-107
ホーム	2面3線(高架駅)
乗車人数	13,121人
開業年	昭和2(1927)年3月9日
キロ程	1.7km(川崎起点)

昭和40年

▲尻手駅
半世紀前の尻手駅の姿であるが、その外観は現在とあまり変わらないものである。しかし、自動券売機の進歩と形態の変化には驚かされてしまう。
撮影:荻原二郎

昭和35年

▲尻手駅に停まるクモハ11
この当時、南武支線は全長17m弱の短い車両クモハ11+クハ16が活躍していた。
撮影:竹中泰彦

昭和29年

◀EF13形電気機関車
昭和19年に製造された「戦時型機関車」。特異な凸型の形状は使用する鋼材を節約するためのものであった。
撮影:竹中泰彦

現在

▲尻手駅
現在も木造平屋建ての駅舎が使用されている尻手駅。各ホームとは地下道で結ばれている。平成23年、バリアフリー化が行われた。

　川崎駅を出た南武線は間もなく東海道線と分かれ、大きくカーブしながら北西方向に進むことになる。次の尻手駅付近は川崎市幸区と横浜市鶴見区の境目にあたり、尻手駅は川崎市内に置かれているが、駅の南東側は横浜市になる。

　「尻手」の地名、駅名の由来は「ある地域の後方にある土地」ということで、「多摩川の川下」「矢向(川の合流点)の隅」という説もある。かつては矢向村の一部で、橘樹郡町田村を経て、その後は横浜市の一部となった歴史があり、現在も横浜市鶴見区内に尻手一~三丁目の地名が存在する

　この尻手駅は昭和2(1927)年3月、南武鉄道の開通時に開業している。当初は停留場で、しばらくしてから駅に昇格した。昭和5(1930)年3月に浜川崎駅までの貨物支線(現・南武支線)が開業し、翌月からは旅客営業も開始された。昭和48(1973)年10月には、新鶴見操車場(現・新鶴見信号場)までの貨物支線(尻手短絡線)が開業している。

　現在の駅の構造は単式1面1線および島式1面2線、計2面3線の高架駅である。1・2番線を南武線の本線が使用し、3番線は浜川崎方面への支線が使用する形になっている。

尻手短絡線

　貨物専用の尻手短絡線は尻手駅を出ると立川方面の旅客線の左側に並行して少し進んだ後、本線と分岐して単線となり住宅地の合間を縫うようにS字カーブで進む。踏切を何ヶ所か通過し、品鶴貨物線と並行する横須賀線の高架をくぐると新鶴見信号場に至る。過去に乗務員訓練のためだろうか、205系が試運転されたこともある。

古地図探訪　尻手駅付近

　この尻手駅の東西には日発川崎変電所、東芝電気工業会社柳町工場の広い敷地が広がっており、その南側を南武線と南武支線が走っている。また、西側を走る品鶴線（貨物線）に沿って、東鉄新鶴見変電区が見え、その東側には工場の地図記号が点在する。

　一方、尻手駅の周辺には目立つ建物はなく、当時は未開発の状態だった。少し離れた矢向町方面には日枝神社、最願寺、良忠寺などの神社仏閣がある。この地区は古い歴史を持ち、良忠寺の創建は仁治元（1240）年で、かつては多摩川の河岸に位置していた。また、最願寺の観音像は多摩川を流れて漂着したと伝えられている。

▲南武線の205系

南武線に205系が新製投入されたのは平成2年であり、6両編成9本が中原電車区に配置された。その翌年に川崎〜立川間の101系は営業運転を終了した。

▲0キロポスト

尻手駅の3番線には、南武支線（浜川崎支線）の0キロポストが置かれている。

昭和30年

昭和39年

尻手駅ホーム

クモハ11を両運転台に改造したクモハ12は、尻手から浜川崎までの全区間4駅の短い区間を往復していた。左の線路尻手短絡線。

撮影：荻原二郎

Yakou St.

矢向

昭和2年開業、
横浜市鶴見区内唯一の駅
開業当時、川崎河岸駅へ貨物支線が存在

所在地	神奈川県横浜市鶴見区矢向6-5-6
ホーム	2面3線(地上駅)
乗車人数	17,837人
開業年	昭和2(1927)年3月9日
キロ程	2.6km(川崎起点)

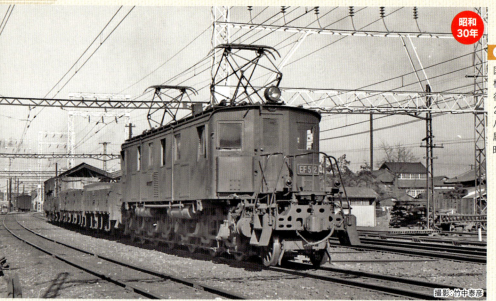

昭和30年

◀矢向付近のEF51

国鉄電気機関車黎明期の輸入機関車である。東海道線使用後は上越線に転じたが、何せ2両という小所帯で、戦後は八王子機関区西国立支区に配属されて南武線で貨物を牽き、昭和34年に廃車された。

▼中原電車区の母体となった矢向派出所

昭和35年に中原電車区が開設される以前は、昭和2年に開設された矢向電車区が南武線の車両基地であった。205系(左)と引退した103系が留置されている。

撮影:竹中泰彦

現在

◀矢向駅

矢向駅の駅舎は南武線の線路の西側、尻手方向(南側)に置かれている。島式ホーム2面2線の上りホーム(2・3番線)とは跨線橋で結ばれている。

平成元年

撮影:荻原二郎

　川崎市と横浜市の境界線付近を進んできた南武線は、尻手駅に続いて、矢向駅に停車する。この矢向駅は、南武線で唯一、横浜市(鶴見区)に置かれている。

　矢向駅の開業は昭和2(1927)年3月、南武鉄道の川崎~登戸間の開通時である。このとき、川崎河岸駅に至る貨物支線も開業したが、この支線は昭和47(1972)年5月に廃止された。単式ホーム1面1線、島式ホーム1面2線を有する地上駅で、駅に隣接して、矢向車掌区が置かれている。

　現在は鶴見区内に矢向一~六丁目の地名があるが、江戸から明治にかけては矢向村が存在し、明治22(1889)年に町田村の一部となった。この町田村は潮田町、鶴見町を経て、昭和2(1927)年に横浜市に編入されている。なお、「矢向」という駅名、地名の由来は諸説あり、「川が合流する場所」という意味を持つともいわれる。この地区は、多摩川と鶴見川という2つの大きな川に挟まれた場所にある。

　駅の南側、尻手駅にも近い矢向四丁目にある矢向日枝神社は、江戸時代初期の寛永15(1638)年、近江国(滋賀県)の山王権現(日吉大社)を勧請して創建されたとされ、矢向、市場、塚越など近隣の7ヵ村の鎮守である。毎年10月に行われる例大祭では、神社の宮神輿が近隣の町々を巡る。この駅周辺の風景は林芙美子の小説「めし」に描かれ、映画でも撮影された。

川崎河岸駅への貨物線

川崎河岸駅は矢向駅から川崎方面に向かい、本線から左に分岐して進む貨物線が、多摩川の河畔に行き着く地点に設けられた。南武鉄道は創立当時、多摩川で採取した砂利を京浜工業地帯や東京・横浜など大都市の工事現場に運び、貨物輸送で収入を確保する狙いもあった。

多摩川の岸にはドックの設備もあり、多摩川で産出される砂利を直接貨車に積み込んでいたが、太平洋戦争後は砂利の輸送がなくなり、この線路や駅での船積み施設も使用されなくなったため、昭和47（1972）年に廃止された。現在は路線のほぼ全区間が「さいわい緑道」と名づけられ市民の憩いの場所になっている。

矢向駅川崎寄りの踏切からの風景である。E233系が留置されている左側から川崎河岸駅に向かって貨物線が延びていた。

さいわい緑道西地区の「やすらぎの道しんめい」と国道1号が交差する付近。かつてはここに踏切があり砂利列車が横切っていたとは、にわかに信じがたい。

川崎河岸駅のヤードの跡地は緑地帯であり、遊具も置かれ、親子での遊び場となっている。左側には、かつて東京製鋼川崎工場があった。

マンションの公開緑地を進み堤防に向かう。このあたりに川崎河岸駅の船積み施設があったと思われる。

🅿 中原電車区矢向派出所

南武線の車両基地としてはこちらが本家であり、矢向駅構内にある。南武線の旅客輸送が伸び、車両数が増大するにつれて収容力に不足をきたし、中原電車区が開設された。

🚶 古地図探訪　矢向駅付近

尻手駅からまっすぐ延びてきた南武線と東海道線方面からの貨物線が並行して走っている。東側は川崎市幸区、西側は横浜市鶴見区で、品鶴線（貨物線）からの鉄道路線も存在する。一方、東側の貨物線からも川崎中央市場（現・川崎市地方卸売市場南部市場）への引き込み線が存在している。

駅の東側には多くの工場の存在がある。塚越四丁目には新古河鋳造工場、日本内燃機工場、日本理化工場、日本鉱業工場、宝皮革工場がある。戸手本町二丁目には池貝鉄工所などが見える。池貝鉄工所の南にある静翁寺は、曹洞宗の寺院である。現在、こうした工場は移転などで姿を消し、住宅地に変わっている。北側の戸手本町一丁目には昭和31（1956）年、川崎市立商業高校が移転している。

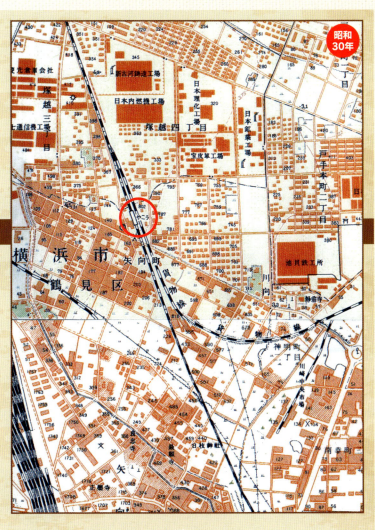

Kashimada St.

鹿島田(かしまだ)

地名・駅名は、鹿島神宮の神田に由来
西側に新鶴見操車場跡、現在は新川崎駅

所在地	神奈川県川崎市幸区鹿島田1-17-14
ホーム	2面2線(地上駅(橋上駅))
乗車人数	17,605人
開業年	昭和2(1927)年3月9日
キロ程	4.1km(川崎起点)

昭和41年

撮影:荻原二郎

◁鹿島田駅
現在のような橋上駅舎に変わる前の鹿島田駅。ゆるやかに広がる屋根をもつ地上駅舎の左側には、木製の跨線橋がのぞく。

◁鹿島田駅 現在
鹿島田駅の駅舎は、駅ビル「エキスト鹿島田」と一体化されている。また、ペデストリアンデッキで、「サウザントモール」とも接続している。

▽鹿島田駅ホーム
初代の快速は通過していた当駅も、現在は快速が停車するようになった。横須賀線の新川崎駅との連係も可能であり、武蔵小杉駅での乗り換え時間と遜色なく移動できる。(写真は各駅停車)

◁鹿島田駅 現在
橋上駅舎を持つ鹿島田駅。南側には踏切があり、歩道のある道路で、西に位置する横須賀線(品鶴線)の新川崎駅方面と結ばれている。

現在

　武蔵小杉方向に向かう南武線、同じく接続駅である武蔵小杉方向に向かう横須賀線(品鶴線)が並行するような形になる場所に、鹿島田駅は置かれている。駅の西側にはかつて新鶴見操車場(現・信号場)の広いヤードが広がっていたが、昭和55(1980)年10月に横須賀線の新川崎駅が開業。駅周辺で再開発が進められ、風景は大きく変わっている。

　この駅は誕生前、「新鹿島田」という仮称駅名(候補)があったものの、現在の「新川崎」の駅名が採用された。

　鹿島田駅は、新川崎駅よりも半世紀以上も古く、昭和2(1927)年3月、鹿島田停留場として誕生している。その後、南武鉄道が国有化されて南武線となった昭和19(1944)年4月、駅に昇格した。

　鹿島田駅は相対式ホーム2面2線を有する地上駅であり、現在の橋上駅舎は昭和から平成に変わる頃から使用されている。川崎駅を出た快速が最初に停車する駅でもある。

　「鹿島田」の地名、駅名は、常陸国(茨城県)に鎮座し、多くの神領を有していた鹿島神宮に寄進する神田に由来する。江戸時代から明治時代にかけて、武蔵国(のちに神奈川県)橘樹郡に鹿島田村が存在し、明治22(1889)年に南加瀬村、小倉村などと合併して、日吉村となった。この日吉村は昭和12(1937)年、東部が川崎市、西部が横浜市に分割編入されている。

◎新鶴見操車場

昭和4年に開設された国鉄の新鶴見操車場は、東海道線貨物支線（品鶴線）の機能を利用して、首都圏に発着する貨物輸送の中継点となり、広大なヤードを持っていた。現在は機能が縮小されて、JR東日本の新鶴見信号場となり、近接地に横須賀線の新川崎駅も開業した。

古地図探訪

鹿島田駅付近

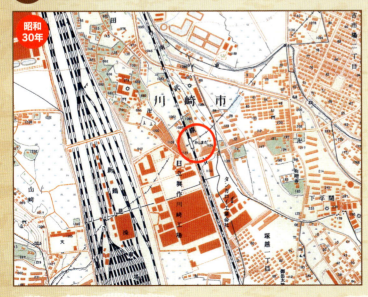

南武線の東側を走ってきた府中街道は、鹿島田駅の東側で方向を変え、線路を越えて西側を走ることになる。南武線の西側には、品鶴線（貨物線）が走り、新鶴見操車場のヤードが広がっている。この時期はまだ新川崎駅は誕生していない。鹿島田駅の南側、2本の線路の間には日立製作所川崎工場があり、南武線の東側にはタンガロイ製作会社の工場もあった。

駅の東側には下平間の地名が見え、真宗大谷派の平間山称名寺がある。もとは真言宗の寺院で、鎌倉時代に浄土真宗の寺となった。赤穂浪士ゆかりの寺としても知られている。一方、「川崎市」の「川」の文字付近にある「卍」の地図記号は日蓮宗の寺院、常教山浄蓮寺で、その北西には「鹿島田」の地名の由来となった、鹿島(田)大神社が存在する。

Hirama St.

平間
ひらま

古くから平間の渡し、平間街道が存在
駅開業は昭和2年、戦時中休止の歴史

所在地	神奈川県川崎市中原区田尻町22
ホーム	2面2線(地上駅)
乗車人数	14,540人
開業年	昭和2(1927)年3月9日
キロ程	5.3km(川崎起点)

▲平間駅
線路の東側、上りホーム（1番線）とつながった向河原駅寄りに置かれている平間駅の駅舎。下り線（2番線）のホームとは跨線橋で結ばれている。

▲平間駅ホーム
平間駅の1番線ホームに上りの各駅停車がやってきた。2本の跨線橋のほかに、ホーム上を跨ぐ歩道橋の存在もある。

▽ガス橋
多摩川に架かるガス橋は昭和6年、瓦斯人道橋として誕生。昭和35年から、車両の通行もできるようになった。

◀平間駅のホーム
南武鉄道によく見られる相対式2面2線のホームを持つ平間駅。手前と奥に2つの跨線橋がある。

　平間駅は昭和2(1927)年3月、南武鉄道の開通時に平間停留場として開業している。昭和19(1944)年4月、国有化により南武線に変わり、平間駅となった。太平洋戦争中の昭和20(1945)年4月から約1年間、空襲により駅が休止となったことがある。現在は相対式ホーム2面2線を有する地上駅で、快速は通過し、各駅停車のみが停車する。

　「平間」の地名は、この地に古くからあった「平間の渡し」で知られていた。多摩川には多くの渡しが存在し、下流部分では「大師の渡し」「六郷の渡し」が有名だが、この「平間の渡し」もそのひとつだった。また、東海道が整備される前には、「平間街道」と呼ばれる古街道が利用されていた。この街道は「池上道」とも呼ばれる「古鎌倉道」のひとつで、品川・池上から平間を経て、保土ヶ谷・鎌倉に至るルートで結ばれていた。江戸時代には、東海道ができて、脇街道となった。

　現在、平間駅東側の多摩川には「ガス橋」と呼ばれる橋が架かっている。ガス橋の名称は昭和6(1931)年、鶴見製造所で製造した大量のガスを都内に運ぶため、東京ガスが架けた「瓦斯人道橋」に由来し、昭和35(1960)年から車両の通行も可能となり、東京都道・神奈川県道111号線が通っている。

二ヶ領用水
農業用水として多くの田畑を潤してきた二ヶ領用水は現在、沿道が美しく整備されて、散歩の楽しめるせせらぎの道に変わっている。

武蔵中丸子駅

かつて平間～向河原間には武蔵中丸子駅が存在した。しかし、昭和2（1927）年開業で、廃止されたのは昭和20（1945）年と短命であった。廃止理由は定かではないが、やはり駅間距離が短かったのが要因と思われる。

武蔵中丸子駅があったと思われる周辺地点。左の建物は玉川（ぎょくせん）中学校。

川崎市営バスの中丸子商店街停留所。中丸子神社も近い。

古地図探訪　平間駅付近

　南武線を越えてきた府中街道は、この平間駅付近では駅の西側を北上していき、さらに品鶴線（貨物線）の線路を越えることとなる。この地区は、地図右上（北東）に見える多摩川に架かるガス橋を渡れば、東京都方面にも近い場所にあった。
　地図の西側、品鶴線の向う側を中心に工場はまだ各地に点在していたが、駅の北東側にはすでに住宅地が開発されており、「伊勢浦住宅」「三菱社宅」などが誕生していた。駅の北東に見える「文」の地図記号は、古い歴史のある玉川小学校である。この学校の起源は明治37（1904）年に創立された御幸村尋常小学校で、大正12（1923）年に玉川尋常小学校となり、現在は川崎市立玉川小学校となっている。

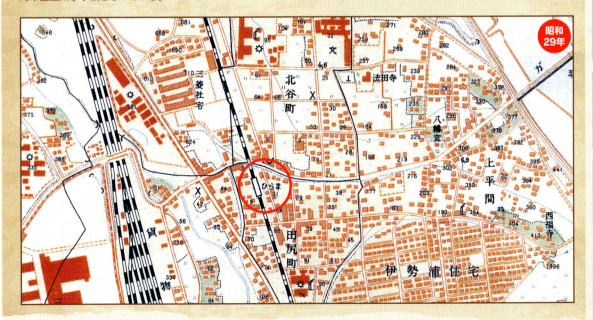

Mukaigawara St.

向河原
（むかいがわら）

調布村飛び地から、
流路変更で神奈川へ
昭和戦前期に、日本電気前駅へ駅名改称

所在地	神奈川県川崎市中原区下沼部字玉川向1757
ホーム	2面2線（地上駅）
乗車人数	13,272人
開業年	昭和2（1927）年3月9日
キロ程	6.6km（川崎起点）

昭和30年

◀向河原付近のモハ50
川崎の工業地帯の向河原駅を下る南武線の列車は、工場が出す排煙を浴びながら、毎日工場の従、業員などの輸送を担っていた。

▲向河原駅ホーム
NECと関係が深い当駅であるが、ルネッサンスシティを挟んだ西側に横須賀線の武蔵小杉駅新南改札口（横須賀線口）がある。

▲NEC専用改札口
NEC玉川事業場のための専用改札口。朝夕の通勤時間帯のみ利用可能だが、現在は一般客も利用することができる。

▲向河原駅
ピンク色を基調とした塗装で、明るい印象のある向河原駅。南武線の線路の東（1番線）側の武蔵小杉寄りに置かれている。

　多摩川を挟んだ東京都側の東急多摩川線には沼部駅が存在するが、向河原駅の所在地は、神奈川県川崎市中原区の「下沼部字玉川向」である。ここは以前、田園調布本町にあたる下沼辺（部）村の一部であり、川の流路の変化で飛び地となった。そのため、「向河原」と呼ばれ、明治45（1912）年に東京都から神奈川県に編入された歴史を持つ。

　向河原駅は昭和2（1927）年3月、南武鉄道の開通時に開業した。昭和15（1940）年から昭和19（1944）年にかけては一時、日本電気前駅に駅名を改称したことがあるが、これは駅の西側に広大な日本電気工場が存在していたためである。現在は、NEC玉川ルネッサンスシティの高層ビル群に変わり、ルネサスエレクトロニクス本店などが置かれている。南武鉄道が国有化された昭和19年4月、再び向河原駅に戻り、南武線の駅となった。

　向河原駅は地上駅で、相対式ホーム2面2線を有しており、ホーム間は跨線橋で結ばれている。この駅開設ののち、武蔵小杉駅（当時はグラウンド停留場）が開設されたため、同駅との駅間は0.9キロメートルとかなり短い。快速は停車せず、各駅停車のみが停車する。

市ノ坪短絡線跡

向河原駅から南の方向に緑道があるが、ここは、かつて新鶴見操車場（現・新鶴見信号場）へと結んでいた貨物線の跡である。南武鉄道は昭和4（1929）年に開設された新鶴見操車場に向けて短絡線を建設して東海道本線との貨物輸送を開始し、この接続地点に市ノ坪貨物駅を設けたのである。

その後、南武鉄道が国有化されると市ノ坪は新鶴見操車場に統合されたが、立川方面の貨物輸送の減少などの理由でこの短絡線は昭和48（1973）年に廃止された。現在、新鶴見信号場と合流するあたりは横須賀線や湘南新宿ラインの列車、高架上には東海道新幹線がひっきりなしに走っている。

向河原駅から南方向、南武線と分岐するあたりに残されている両面橋台。この短絡線で唯一の遺構である。

廃線跡は緑道としてきれいに整備されている。

鉄道好きなら思わずニヤリ。枕木を使った柵が現在でも残されている。

古地図探訪　向河原駅付近

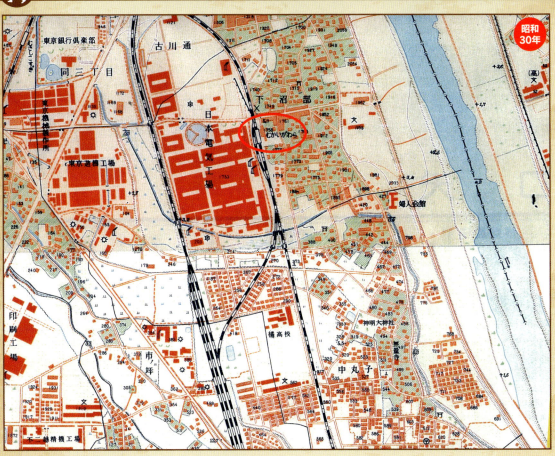

地図の右側に多摩川、中央に南武線、左側に品鶴線（貨物線）が走る。向河原駅の南側には、両線の短絡線が結ばれており、その北側には日本電気工場の敷地が広がっていた。駅の東側、下沼部に見える「文」の地図記号は、川崎市立下沼部小学校である。また、短絡線の南側には、2つの学校の存在がある。

北にあるのは川崎市立橘高校、南にあるのは玉川中学校である。橘高校は昭和17（1942）年、旧制橘中学校として創立され、昭和27（1952）年に現在地である、日本電気工場跡に移転した。また、玉川中学校は昭和22（1947）年に開校し、昭和26（1951）年に現在地に移転している。

Musashikosugi St.

武蔵小杉(むさしこすぎ)

横須賀線、東急線との連絡駅として発展
高層ビル建つ「むさこ」、住みたい街に

所在地	神奈川県川崎市中原区小杉町3-492
ホーム	2面2線(地上駅(橋上駅)) ※南武線のみ
乗車人数	115,262人
開業年	昭和2(1927)年11月1日
キロ程	7.5km(川崎起点)

▲武蔵小杉駅北口
JRの武蔵小杉駅は、南武線側の橋上駅舎に北口・東口・西口があり、横須賀線側にも新南改札(横須賀線口)が設けられている。

撮影:荻原二郎

▲武蔵小杉駅
武蔵小杉駅は昭和28年、現在地に移転。昭和34年には駅前広場(北口)、バスターミナルも整備された。

▼東急の武蔵小杉駅
昭和28年、工業都市駅と合併して少し横浜寄りに移転した二代目の東急武蔵小杉駅。写真は南口の風景で、ここで国鉄南武線の切符も購入することが出来た。

◀武蔵小杉駅 北改札口
日々進歩し続ける街・武蔵小杉の玄関口となっている北改札(南武線口)。自動改札機の台数もかなり多い。

撮影:山田虎雄

「むさこ」の愛称で親しまれ、最近は「住みたい街(駅)」としての人気が上昇しているのが武蔵小杉駅。現在はJRの南武線・横須賀線と東急東横線・目黒線の接続駅として、多くの人が利用するが、駅としての歴史はそれほど古いものではない。その始まりは現在の南武線の前身である南武鉄道の駅であり、やや複雑な誕生のいきさつがある。

武蔵小杉駅は昭和2(1927)年11月、南武鉄道の向河原～武蔵中原間に「グラウンド前」と「武蔵小杉」の2つの停留場が開設されたことに始まる。両駅は昭和19(1944)年、南武鉄道が国有化された際、前者が駅に昇格のうえ武蔵小杉駅となり、後者は廃止された。

一方、東急の駅は昭和20(1945)年6月、南武線との交点に暫定的な駅として開業した。この駅は当初、定期券を所持している通勤客のみが利用でき、一般客が使えるようになったのは戦後の昭和22(1947)年1月である。その後、南武線の駅東側を通る品鶴線(貨物線)に平成22(2010)年3月、横須賀線の武蔵小杉駅が開業している。この駅には横須賀線の列車のほか、湘南新宿ラインの列車やこの線を通る成田エクスプレスなども停車する。平成23(2011)年6月には、南武線と横須賀線を結ぶ正規連絡通路が完成した。

▲武蔵小杉付近のED344 〈昭和27年〉

国有化されたあとでも、数年間は南武鉄道の面影が、まだまだ残っていた時期での1枚。沿線付近では住宅より緑の方が目立った。

撮影：竹中泰彦

古地図探訪　武蔵小杉駅付近

　南武線と東横線が交差する地点付近に、2つの武蔵小杉駅が置かれている。一方、東側を通るのは品鶴線（貨物線）で、このときには旅客線は開通していなかったので、横須賀線の武蔵小杉駅は開設されていなかった。南武鉄道の武蔵小杉駅の前名が「グラウンド前」だったことが示すように、駅周辺にはかつて第一生命グラウンド、慶大グラウンドや自動車教習所などがあったが、この時期にはまだ北側の運動場（グラウンド）が残っている。その後、日本医大新丸子キャンパス、大西学園高校などに変わっている。

　一方、駅の南東には東京銀行倶楽部があったが、現在は商業施設やマンションなどになっている。西側の二ヶ領用水そばに見える市支所の跡地には、中原区役所が誕生している。

▲武蔵小杉駅ホーム 〈昭和32年〉

クモハ11形が停車している往時の武蔵小杉駅の風景。この撮影時、新性能化されるまで15年の歳月を待たねばならなかった。

撮影：荻原三郎

▼武蔵小杉付近

武蔵小杉駅を挟んだ向河原〜武蔵中原間は昭和12年10月に複線化された。とはいえ、沿線の開発はまだ手つかずで、のどかな田園地帯の中を2両編成の列車が走っていた。

〈昭和30年〉

〈昭和14年〉

撮影：荻原三郎

Musashinakahara St.

武蔵中原
（むさしなかはら）

中原街道の存在から、村と駅が生まれる
平成2年に駅舎が移転し、高架駅が誕生

所在地	神奈川県川崎市中原区上小田中6-21-1
ホーム	2面4線（高架駅）
乗車人数	34,434人
開業年	昭和2（1927）年3月9日
キロ程	9.2km（川崎起点）

武蔵中原駅の209系
平成2年に高架化された当駅は2面4線の構造であり、立川寄りの高架線の内側から地上へ向かう中原電車区への出入区線が設けられている。

武蔵中原駅
地上駅だったころの武蔵中原駅の駅舎を背景にして、川崎駅行きの（川崎鶴見）臨港バスが1枚の絵のように風景の中に納まっている。

撮影：荻原二郎

　南武線は、武蔵小杉駅から4つの「武蔵」を冠した駅が続く。2つめは武蔵中原駅である。この駅も南武鉄道の開通時（昭和2年3月）に開設された駅である。武蔵中原駅は島式ホーム2面4線を持つ高架駅で、内側の線路は中原電車区への出入庫線として使用されている。

　この武蔵中原駅と武蔵新城駅の間にあるJR東日本横浜支社の中原電車区は、南武鉄道時代から存在した矢向電車区に代わり、昭和35（1960）年に開設された。現在は南武線と鶴見線の電車約260両が配置されている。

　「中原」の地名は、もともとは平塚にあったもので、この地で採用されたのはここを通る「中原街道」の存在による。中原街道は、江戸から平塚に置かれていた徳川家の別荘、中原御殿に至る道路であることから、その名がつけられた。明治22（1889）年、小杉村、上丸子村などが合併する際に「中原」が選ばれて村名となり、大正14（1925）年には中原村と住吉村が合併して、中原町が成立した。この中原町は昭和8（1933）年に川崎市に編入され、昭和47（1972）年に政令指定都市となった際に中原区が誕生している。中原区役所の最寄駅はお隣の武蔵小杉駅である。

▲武蔵中原駅南口
現在の武蔵中原駅は島式ホーム2面4線を持つ高架駅である。高架下にはショッピングセンター「Beans武蔵中原」がある。

▲武蔵中原駅北口
この駅の改札口付近からは、「エポックなかはら」(川崎市総合福祉センター)へ直接行くことができる歩道橋が設けられている。

▲武蔵中原駅付近
列車に乗ってこの付近の高架線を走ると、すばらしい展望が開けてくるのがわかる。晴れた日の夕刻の風景、山々に落ちる夕陽など、地上からは見られない視界が広がる。

▲川崎市市民ミュージアム
昭和63年に開館した川崎市市民ミュージアムの最寄り駅となっているのが武蔵中原駅。等々力緑地に一角にある博物館・美術館だ。

古地図探訪

武蔵中原駅付近

　南武線と中原街道の交差点付近に武蔵中原駅が置かれている。この中原街道は、隣の高津区内の千年交差点までまっすぐに延びている。この時期、南武線の南北ともに地図上では白い農耕地が目立つが、北側の富士通信機製造工場(現・富士通川崎工場)、ダイカスト工場(現・富士通研究所など)、南側の沖電線中原工場(現・沖電線本社など)といった工場も存在する。

　駅の西側には、工場従業員のための富士通信機寮もあった。沖電線中原工場の東側に見える「文」は川崎市立西中原中学校である。また、駅の東側に見える「卍」の地図記号は、真言宗智山派の寺院、長福寺である。現在は武蔵新城駅寄りの線路の南側に、JR東日本中原電車区が置かれている。

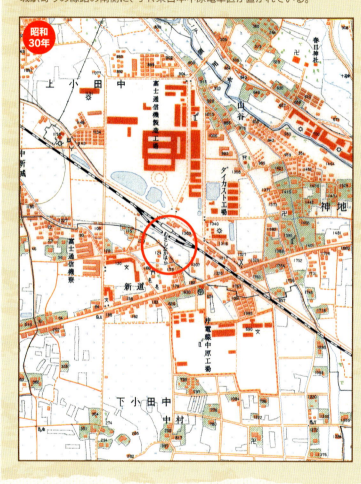

昭和30年

中原電車区

17m車に代わって昭和55年から南武支線で運用されるようになった101系。写真のワンマン・冷房化改造された車両はJR最後の101系で、バトンを受けるかのように後継車両の205系が右側に停車している。

平成17年

Musashishinjyou St.

武蔵新城
むさししんじょう

昭和2年に駅が誕生、平成2年に高架駅
中原・高津区にまたがる「稲毛新庄」から

所在地	神奈川県川崎市中原区上新城2-11-1
ホーム	1面2線（高架駅）
乗車人数	34,331人
開業年	昭和2（1927）年3月9日
キロ程	10.5km（川崎起点）

昭和40年

撮影：荻原二郎

🔶武蔵新城駅南口
地上駅だった時代の武蔵新城駅には、コンパクトな木造駅舎が存在した。右側に見えるのは、なつかしい駅前交番（派出所）である。

現在

🔶武蔵新城駅北口
武蔵新城駅は平成2年に高架駅となっている。道路に面したこの北口側には飲食店なども多く、バス乗り場もある。

🔻武蔵新城駅北口
改札口の目の前がすぐ道路だったころの武蔵新城駅。改札口、自動券売機、駅前売店の前をコート姿の人が行き交う。

現在

🔶武蔵新城駅南口
駅前に広い場所が開けている南口側には、バス乗り場とともにタクシー乗り場が設けられている。

昭和40年

撮影：荻原二郎

　武蔵新城駅が開業したのは、南武鉄道の川崎～登戸間が開業した昭和2（1927）年3月である。当時は武蔵新城停留場で、国有化時の昭和19（1944）年4月に駅に昇格した。なお、明治31（1898）年に開業し、昭和18（1943）年に国有化された飯田線（開業当時は豊川鉄道）に、すでに新城駅が存在しており、「武蔵」を冠する駅名とされている。
　開業以来、南武線に多い相対式2面2線のホームを持つ地上駅だったが、平成2（1990）年に高架駅に変わった。この駅には快速も停車する。
　この武蔵新城駅付近には、中原区と高津区の境界線が存在する。また、古くは中原区・高津区にまたがる稲毛庄と呼ばれる荘園が存在し、新しく開かれた「稲毛新庄」の「新庄」が転じたのが、「新城」の地名の由来といわれる。明治期には中原村の大字で、のちに川崎市新城となり、現在は中原区に新城・上新城・新城中町・下新城の住居表示がある。
　駅西側の高津区内には、「千年」というユニークな地名がある。明治8（1875）年に清沢村と岩川村が合併した際に、吉祥の意味の千歳村が誕生。明治11（1878）年に千年村に改称したものである。

▲南武線のE233系
停車しているE233系は南武線用の8000番代。205系・209系の置き換えが加速度的に進み、現在は南武線の顔となった。

▲武蔵新城駅ホーム
ホームの長さは160m以上あり、8両編成に対応できるよう将来を見越して高架ホームの建設がなされた。

インドネシアに渡る南武線205系

南武線を走っていた205系の電車は、平成25（2013）年からインドネシアの首都・ジャカルタの都市鉄道を運営するジャボタベック社に譲渡されてきた。埼京線、横浜線に続いて、平成27（2015）年には、南武線を走っていた205系120両がインドネシアに渡ることになった。これは、E233系が新たに南武線に投入されることによる。

海を渡ることになった205系が新潟港の岸壁に並んでいる。

古地図探訪
武蔵新城駅付近

駅の南に「新城」、西に「新作」の地名があり、それぞれに新城住宅、新作住宅が開かれている。現在はこの新作住宅の西側をかすめるように第三京浜道路が通り、南武線と交差する北側に、京浜川崎インターチェンジが設けられている。新城住宅の南東には「文」の地図記号が見える。ここには川崎市立新城小学校、神奈川県立新城高校があり、後者は昭和38（1963）年の開校である。

駅の南東に見える病院の地図記号は、東芝東生病院を前身として、昭和33（1958）年に開設された京浜総合病院である。駅の北側には日本鋼管新城寮があり、現在はマンションなどに変わっている。その西には真言宗智山派の寺院、安養寺がある。

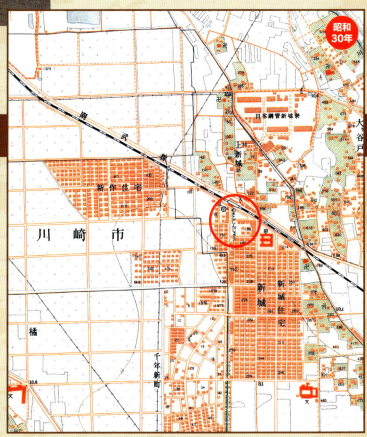

Musashimizonokuchi St.
武蔵溝ノ口

所在地	神奈川県川崎市高津区溝口1-1-1
ホーム	2面3線(地上駅(橋上駅))
乗車人数	81,509人
開業年	昭和2(1927)年3月9日
キロ程	12.7km(川崎起点)

玉電(現・東急)起源、田園都市線と連絡
古くは高津村、いま高津区役所最寄り駅

昭和39年

▲武蔵溝ノ口駅
武蔵溝ノ口駅の南口側には、ホテルメッツ溝ノ口が誕生している。田園都市線溝の口駅との間を結ぶペデストリアンデッキも完成している。

▼武蔵溝ノ口駅
橋上駅舎になる前の武蔵溝ノ口駅。駅舎の姿も変化しており、右奥に見えるショッピングセンターの外観も大きく変わっている。

▲武蔵溝ノ口駅東口
大勢の人の姿が見える地上駅舎時代の駅前風景。右側のショッピングセンター1階には、現在溝ノ口に本店を構える文教堂書店が見える。

◀武蔵溝ノ口駅 北口
この駅の北口側も、緑豊かに整備されている。東急の溝の口駅との間に、バス乗り場、タクシー乗り場が並んでいる。

昭和39年

撮影:荻原三郎

地元では「ノクチ」の愛称で親しまれる、南武鉄道(現・JR南武線)の主要駅である。この武蔵溝ノ口駅は昭和2(1927)年3月に開業、4ヵ月後の同年7月には、玉川電気鉄道(現・東急)溝ノ口線の溝ノ口駅が開業、連絡駅となっている。東急の溝ノ口駅は昭和41(1966)年1月、大井町線の延伸に合わせて、駅名を溝の口駅に表記変更した。

JRの武蔵溝ノ口駅は地上駅であり、1面1線と島式1面2線のホームを持つ。現在は橋上駅舎となり、津田山側に存在する東急の溝の口駅と連絡している。一方、南武線とはほぼ直角に交わる東急線の溝の口駅は、2面4線を持つ高架駅となっている。

「溝の口(溝ノ口、溝口)」の地名、駅名の由来は、多摩丘陵から流れてきた溝のような細い川が姿を現す場所からきている。江戸時代には、「大山詣で」が盛んになり、大山街道の往来が増え、溝口は宿場町として賑わうようになった。集落が発展した溝口村は、明治22(1889)年に橘樹郡高津村となった。この高津村は昭和3(1928)年に高津町と変わり、昭和12(1927)年に川崎市に編入された。現在、武蔵溝ノ口駅の西側には昭和47(1972)年に成立した高津区の区役所が置かれている。

◀ 混色の103系 昭和58年

101系の老朽化と冷房化率アップのため、昭和57年に103系が南武線に投入された。当時の中央線豊田電車区からの転属車もあり、混色編成は珍しくはなかった。

撮影：荻原二郎

▲ 初代快速の101系 昭和45年

初代快速は昭和44年12月から101系で運転されたが、普通を追い抜きせず、利便性がないため定着しなかった。その後10年と経たないうちに運転を終了してしまった。

撮影：荻原二郎

▶ ラストランの101系 平成3年

川崎～立川間の運転終了時の風景。昭和42年の秋には、川崎～氷川（現・奥多摩）間に101系による快速「南武奥多摩号」が運転されたこともある。

撮影：荻原二郎

古地図探訪　武蔵溝ノ口駅付近

南武線は武蔵溝ノ口駅から津田山駅方面に延びているものの、東急の大井町線（現・田園都市線）はこの当時、溝ノ口駅が終着駅だった。両駅の北側、府中街道との間には、二ヶ領用水が流れている。大井町線の高津駅の南側には、東京時計工場が存在しているが、現在は帝京大学医学部附属溝口病院管理棟やマンションなどに変わっている。

一方、駅の東側などには東京麻糸工場や東京衡機製作所などがあったが、現在はイトーヨーカドー溝ノ口店、パークシティ溝ノ口などに変わっている。また、このあたりには、南武線の線路を挟んで学校の存在がある。北側の「(高)文」の地図記号は川崎市立高津高校、南側には洗足学園があり、現在は洗足学園音楽大学、洗足こども短大などになっている。

▲ 武蔵溝ノ口駅ホーム 現在

下り線側（写真左手）に電留線があり、当駅始終着の列車も設定されている。東急田園都市線・大井町線との乗り換え客も多く、一日中活気のある駅である。

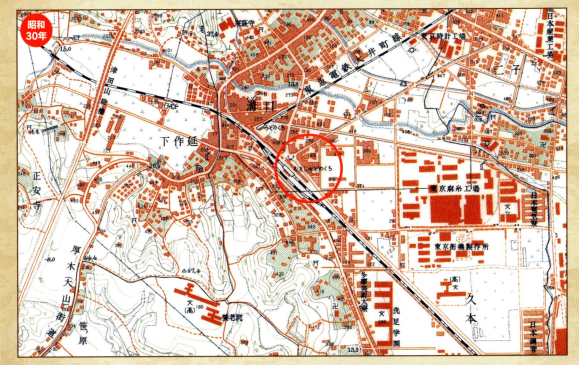

昭和30年

🔺南武鉄道モハ110形

武蔵溝ノ口駅のホームに停車しているモハ108＋111。南武鉄道開業後20年を迎える直前の光景は、夏の時期であろうか窓が開かれている。

撮影：荻原二郎

🔺武蔵溝ノ口駅のモハ31形3連

昭和4年から6年にかけて104両製造された形式。この頃から沿線の都市化につれて編成両数も長くなっていた南武線だが3連時代の記録は比較的珍しい。

撮影：竹中泰彦

🔺武蔵溝ノ口付近のEF13形

南武線の貨物輸送に従事していた頃のEF13形。珍しい凸形の車体をもつ戦時型機関車だった。

撮影：竹中泰彦

🔺溝ノ口駅付近

東急大井町線の延伸に合わせて、高架化の工事が行われていた東急溝ノ口駅(右奥)。左側には、南武線武蔵溝ノ口駅のホームが見える。

撮影：荻原二郎

武蔵溝ノ口駅ホーム

当時の構内は貨物の側線もあり広く開放感があった。この駅も小杉、中原、新城同様に駅名に「武蔵」という旧国名を冠している。これは南武鉄道以来で現在まで踏襲されている。余談だが小杉駅は「あいの風とやま鉄道(旧：北陸本線)」に、中原(なかばる)駅は長崎本線に、新城(しんしろ)駅は飯田線にある。

撮影：竹中泰彦

Tsudayama St.

津田山(つだやま)

玉電・津田社長
ゆかりの山から、津田山の駅名
戦前、「日本ヒューム管前」駅の時期も

所在地	神奈川県川崎市高津区下作延6-2-19
ホーム	1面2線(地上駅)
乗車人数	3,723人
開業年	昭和16(1941)年2月5日
キロ程	13.9km(川崎起点)

昭和40年
撮影:荻原二郎

◀ **津田山駅**
簡素な造りの津田山駅の駅舎があり、踏切がある右奥には開業当初の駅名の由来となった、日本ヒューム管第二工場が見える。

▼ **津田山駅ホーム**
近年、JR東日本では東京都心部を一周する山手線に対して、同心円状にその外周をぐるりと回る4路線(南武線・横浜線・武蔵野線・京葉線)を「東京メガループ」と称している。新型車両の投入を始め、数々の施策で一層の活性化を図っている。

現在

現在

◀ **津田山駅**
踏切、ホーム、跨線橋と一体となった小さな津田山駅の駅前風景。この駅の一日平均乗者数は、南武線(本線)の中では最も少ない。

　武蔵溝ノ口駅に続く高津区内3番目の駅が津田山駅である。この駅は南武鉄道の開業当時にはなく、昭和16(1941)年2月、日本ヒューム管前停留場として開業した。昭和18(1943)年4月に駅に昇格し、昭和19(1944)年4月、南武鉄道が国有化された際に現駅名に改称された。

　津田山駅は、南武線としては珍しい島式ホーム1面2線を有する地上駅である。かつては構内踏切が存在したが、現在は跨線橋で駅舎とホームが結ばれている。

　「津田山」の駅名は、駅の東側にあり、周辺に多数の横穴墓群が残る、七面山の別名に由来する。現在はマンションなどが建ち並ぶこの丘(山)は、玉川電気鉄道(玉電)の津田興二社長が開発を手がけたことで、のちに津田山と呼ばれるようになった。また、開業当時の駅名であった「日本ヒューム管前」は、駅(線路)南西に隣接して存在していた企業、日本ヒューム管(現・日本ヒューム)の工場から名づけられた。すでに工場は閉鎖され、跡地は川崎市立下作延小学校、川崎市子ども夢パーク、「スノーヴァ溝ノ口R246」などに変わっている。この「スノーヴァ溝ノ口R246」は、季節を問わず屋内で楽しめるスキー、スノーボード場である。

日本ヒューム管工場への引き込み線

土木建設用などに使うコンクリート製の大きなパイプをつくる日本ヒューム管工場までの専用線が南武鉄道から引かれていた。ほかの製品と異なり大きなパイプはトラックで運び出すわけにはいかず、貨物で輸送するしか方法がなかったためである。南武鉄道にはほかにも稲城長沼の陸軍火工廠など工場用の引き込み線がいくつかあったと思われる。

古地図探訪　津田山駅付近

この地図は昭和35（1960）年に行政区の修正等がなされているものの、実際の測量データは昭和10（1935）年当時のものであるため、昭和16（1941）年2月、日本ヒューム管前停留場として開業した津田山駅が掲載されていない。停留場名の由来となった日本ヒューム管株式会社の川崎工場は、南武線の線路の南側に存在していたが、現在は閉鎖され、川崎市立下作延小学校、「スノーヴァ溝の口R246」などに変わっている。

その南側に見える「卍」の地図記号は、真言宗智山派の寺院、延命寺である。その後、この寺と津田山駅との中間付近に昭和25（1950）年、浄土宗の寺院、善養寺が川崎区から移転してきた。また、地図の右上（北東）に見える「卍」と「鳥居」の地図記号は、浄元寺と久地神社である。

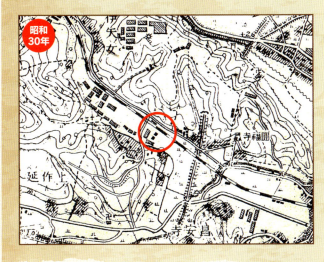

昭和30年

▼津田山駅付近のクモハ11

モハ50を改造したクモハ11の3両編成、川崎行きの列車が津田山駅付近を走る。左手奥には、蒸気機関車の姿が小さく見える。

昭和29年

撮影：竹中泰彦

Kuji St.
久地（くじ）

昭和2年、
開業当時は久地梅林停留場
玉電と南武鉄道が、梅林の観光をPR

所在地	神奈川県川崎市高津区久地4-24-1
ホーム	2面2線（地上駅）
乗車人数	13,635人
開業年	昭和2（1927）年8月11日
キロ程	14.9km（川崎起点）

◀久地駅
国鉄からのお知らせ、ダイヤ改正（10月1日）のポスターなどが壁に貼られている久地駅の駅舎。出札口の横にも立て看板などが目立つ。

▲久地付近
南武線は順次複線化されていったが、久地までの複線化には時間を要した。

▼久地駅のクモハ73形
南武線は私鉄買収線ということもあってか支線的な性格が強く、クモハ73形も首都圏では比較的遅い時期まで南武線では活躍した。

◀久地駅
最寄り駅となってきた観光名所（久地梅林）を示す、梅の花とウグイスがデザインされた屋根を持つ久地駅の駅舎。明るい雰囲気が周囲に漂う。

　久地駅は南武鉄道の開業から約半年後の昭和2（1927）年8月、久地梅林停留場として開業している。昭和17（1942）年4月、駅に昇格。昭和19（1944）年4月、南武鉄道国有化の際に現駅名に改称された。

　この久地駅は相対式ホーム2面2線を持つ地上駅で、ホームは跨線橋で結ばれている。快速は通過し、各駅停車のみが停車する駅である。

　「久地」の地名の由来は、一説には多摩川が土地を「くぢる（削る）」場所であったからともいわれるが、不明である。江戸から明治にかけて久地村が存在し、明治22（1889）年に高津村の一部となった。

　久地付近は、開業当時の駅名が示すように、江戸時代から梅花の名所として知られていた。駅の東側にあたる（新）平瀬川の流域には「久地梅林」があり、この梅林を沿線の観光名所にしようと、南武鉄道と玉川電鉄（現・東急）がPR活動を行った。戦後、梅林の面積は削られていったが、川崎市が久地梅林公園を開園し、梅の木の植林などを行っている。また、駅付近に「梅林」の名称を持つ交差点が存在する。なお、久地の住居表示は駅の東側に広く続いていることで、隣の津田山駅も久地梅林公園の最寄り駅となっており、付近には久地神社、久地不動尊もある。

昭和29年

久地付近のEF512

田園地帯が広がり単線区間を走るEF512は、東海道本線電化区間用に大正15年、2両だけアメリカから輸入された電気機関車。

平成24年

南武線に「アルファリゾート21」編成

平成24年2月、伊豆急ご自慢の2100系「アルファリゾート21」を使用した臨時特急「リゾート踊り子号」が立川～伊豆急下田間（南武線・浜川崎経由）で運転された。

現在

久地駅の駅名表示板

この久地駅においては、国鉄時代の駅名表示板がいまも使用されている。

古地図探訪

久地駅付近

　この久地駅の西側では、上河原の堰で取水した二ヶ領本川（新川）、宿河原の堰で取水した宿河原用水が合流し、二ヶ領用水となって川崎市内を流れていく。この用水の豊富な水を利用して、付近には古くから農耕地が広がっていた。一方で、駅の南東の津田山駅方向には帝国臓器製薬工場、日本ヒューム管工場、自動車修理工場といった新しい産業の拠点も見える。

　この時期、駅の西側を走る東名高速道路は開通しておらず、現在あるようなマンション建設も進んでいなかった。駅の北側には竜厳寺があり、その北には堰稲荷神社も鎮座している。この堰稲荷神社は慶長年間に京都の伏見稲荷大社から勧請されたと伝えられており、「堰」はこの付近の地名となっている。

昭和30年

Syukugawara St.

宿河原
しゅくがわら

戦前は、
信者のための宿河原不動駅あり
かつては砂利採取線、小田急との連絡線も

所在地	神奈川県川崎市多摩区宿河原3-4-4
ホーム	2面3線（地上駅）
乗車人数	7,504人
開業年	昭和2(1927)年3月9日
キロ程	16.2km（川崎起点）

昭和40年

◁宿河原駅
主婦やサラリーマン、親子連れなど大勢の人が利用していた宿河原駅前の風景。大きな屋根を持つ、立派な木造駅舎だった。

◁宿河原駅
新しく生まれ変わった宿河原駅の駅舎。かつて左側にあった民家は、信用金庫のビルに変わっている。

撮影：荻原二郎

現在

昭和43年

◁宿河原駅のホーム
構造上2面3線の駅であるが、上りホームの一方は柵が設置され乗降できない。下りの登戸止まりの電車で中野島より先へ向かう乗客は当駅での乗り換えが便利。

◁宿河原駅ホーム
利用者の増加に対応してホームを延伸し、昭和32年以降は4両編成が運用された。

撮影：荻原二郎

　多摩川沿いを走る南武線には、3つの「河原」の名がつく駅が存在する。「向河原」「分倍河原」と、この「宿河原」で、宿河原駅も昭和2(1927)年3月に開業している。余談ではあるが、始発駅・川崎のある川崎市の前身のひとつ、大師町も、江戸時代には大師河原村と呼ばれていた。

　「宿河原」の地名の由来は、「宿」と「河原」が合体したと考えられるが、詳細は不明である。古くは対岸の駒井村と一体で「駒井宿河原」という名称も存在し、その後、多摩川の流路の変化があり、橘樹郡宿河原村となり、明治22(1889)年に稲田村の一部となった。

　宿河原駅は相対式2面2線のホームを持つ地上駅で、ホームは2本の跨線橋で結ばれている。快速は通過し、各駅停車のみが停車する。以前は多摩川側へ砂利取線が延び、小田急の向ヶ丘遊園駅方面への連絡線も存在したが、どちらも廃止されている。

　また、宿河原駅と久地駅の間には一時期、宿河原不動駅が存在した。この駅は昭和9(1934)年4月に開業、昭和19(1944)年4月、南武鉄道の国有化時に廃止されている。この駅付近には大正初期からこの地で教えが広まっていた新明国上教の教会（宿河原不動尊）があり、ここに通う人々のための駅だったが、わずか10年間だけの営業だった。

古地図探訪 宿河原駅付近

　宿河原駅の手前からは大きなカーブを描きながら、多摩川方面に砂利取線が延びている。また、駅北西の船島付近の多摩川には宿河原用水の取水口があり、登戸駅側で南武線の下を通って流れていく。この船島の取水口付近には現在、多摩川のことがわかる資料館「二ヶ領せせらぎ館」が置かれている。

　宿河原駅の付近には日本安全硝子工場があったが、現在はマンションなどに変わっている。また、その北側に見える「文」の地図記号は、川崎市立稲田中学校である。この方面から宿河原用水の北村橋を渡った先には、常照寺、八幡社がある。この南東にある「文」の地図記号は、川崎市立稲田小学校である。地図の右端、南武線の南側には、廃止駅(宿河原不動駅)の由来となった不動教会が見える。

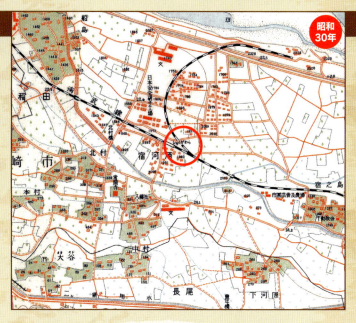
昭和30年

現在
◀二ヶ領宿河原堰
平成11年に完成した宿河原用水の取水口である二ヶ領宿河原堰。堰付近ではバードウォッチングなども楽しめる。

宿河原砂利取線

　宿河原駅の川崎寄りから多摩川に向かって、半円形に道路が通じている。これは、かつて南武鉄道の砂利取線が走っていた線路の跡地である。南武鉄道は宿河原と中野島で砂利を採取して、川崎河岸駅に運んでいたが、昭和9(1934)年に当時の内務省が砂利の機械掘りを禁止し、採取が不可能となった。線路自体は国有化後も残されていたようだが、現在は撤去され川崎市道となっている。

宿河原駅の上り線側。右手の道路が砂利取線の跡で、右に弧を描きながら多摩川まで達していた。また、当駅は2編成が滞泊できる電留線がある(写真左側)。

昭和14年
撮影:荻原二郎
▲宿河原駅ホーム
戦前の宿河原駅ホームの情景。停車している川崎行き南武鉄道の車両は、もと国鉄モハ1046のモハ502。

多摩川畔の終端付近は、道路と堤防が整備され痕跡らしいものは、何も残っていない。

Noborito St.

登戸（のぼりと）

昭和2年、南武鉄道の開業時は終着駅だった
登戸は「のぼりくち」、小田急線と連絡

所在地	神奈川県川崎市多摩区登戸3435
ホーム	2面3線（地上駅（橋上駅））
乗車人数	79,944人
開業年	昭和2（1927）年3月9日
キロ程	17.3km（川崎起点）

昭和37年

▶登戸駅
地上駅舎だったころの国鉄登戸駅、賑わいを見せる駅前の風景である。左側には小田急線の駅があり、高架ホームに列車の姿もある。

撮影：荻原二郎

現在

▲登戸駅ホーム
単式ホーム（下り）、島式ホーム（上り）を組み合わせた登戸駅。3番線に川崎行きの各駅停車が停車している。

現在

▶南武線の切符
国鉄時代の登戸駅から30円区間の切符である。上り方面は武蔵小杉、下り方面は南多摩までの区間（10km未満）で使われた。

◀登戸駅
平成18年に橋上駅舎が完成した登戸駅の生田緑地口。このときに、ペデストリアンデッキ（南北自由通路）が設けられている。

昭和36年

　昭和2（1927）年3月、南武鉄道が開業した際の終着駅はこの登戸だったが、11月には大丸停留場（現・南多摩駅）まで延伸し、途中駅となった。現在は小田急線との連絡駅である。

　小田急の登戸駅は同年4月に開業し、このときの駅名は稲田多摩川駅だった。その後、稲田町が川崎市と合併した。昭和30（1955）年4月に隣の稲田登戸駅が向ヶ丘遊園駅に改称されるのと同時に、登戸多摩川駅に改称された。現在の駅名である登戸になったのは、さらに3年後の昭和33（1958）年4月である。

　なお、「登戸」の地名、駅名の由来は、「のぼりくち」という意味で日本各地に存在し、この地の場合は多摩丘陵への登り口だったとされる。鉄道の駅名として、京成千葉線には西登戸駅が存在するが、こちらは「にし・のぶと」と読む。

　JRの登戸駅は単式ホーム1面1線、島式ホーム1面2線の地上駅で、平成18（2006）年に橋上駅舎となり、南北自由通路が設けられて、小田急線と連絡している。以前の南口は生田緑地口、新設の北口は多摩川口と呼ばれるようになった。南武線の列車は快速、各駅停車が停車する。一方、小田急の登戸駅は高架駅で、現在は3線のホームが使用されている。

現在
◀登戸駅の改札口
グリーンを基調にしたカラーで統一されているJR登戸駅の構内。改札口の横には、みどりの窓口が置かれている。

現在
◀小田急登戸駅南口
JR線と連絡する南北自由通路（ペデストリアンデッキ）側に設けられている小田急の南口。改札口は段差のある2階、ホームは3階にある。

南武・小田急連絡線

かつて南武鉄道の登戸付近と小田急の稲田登戸（現・向ケ丘遊園）間に連絡線があった。

もともと、現在の小田急の登戸駅は開業当時、稲田多摩川駅と呼ばれ、南武鉄道の駅とは別駅の扱いであった。当時、小田急は中津川や酒匂川で採取した砂利を、この連絡線を利用して京浜工業地帯へ輸送した。それまでは、当時の砂利輸送基地であった東北沢まで輸送していたというから、この連絡線によって販路が大幅に拡大したわけである。砂利輸送が廃れたあとも、小田急の車両を国鉄南武線が借り受けたときにこの連絡線が使われた。昭和42年に廃止され、小田急の線路に並行するあたりは川崎市道となって、当時の痕跡はまったく残っていない。

古地図探訪

登戸駅付近

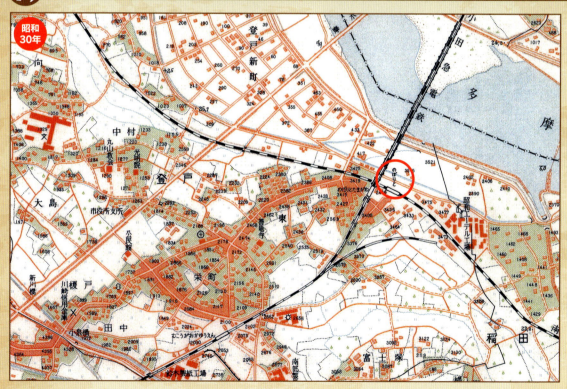

昭和30年

このあたりには東京都狛江市と川崎市多摩区の境目をなす多摩川が流れ、小田急線と世田谷通りが東京都方面から川を渡って、南武線と交差することになる。南武線には登戸駅、小田急線には登戸多摩川駅が置かれているが、後者は昭和33（1958）年に登戸駅に改称されている。この当時は南武線から小田急線の向ヶ丘遊園駅方面へ貨物輸送のための連絡線が存在していた。

また、「登戸」の文字のあたりには市役所支所があったが、現在は世田谷通りの登戸交差点の南側に多摩区役所が置かれており、付近には登戸郵便局もある。一方、駅の東側には昭和エーテル工場が存在していたが、現在は多摩病院などに変わっている。

登戸駅のホーム

南武線登戸駅のホームに停車している列車から降りてきた人々が構内踏切を渡って、駅舎、1番線方向に向かっている。駅周辺はまだ住宅地としての開発が進んでおらず、工場の高い煙突も見える。

昭和29年

撮影：竹中泰彦

現在

登戸駅付近の空撮

南武線、小田急線の連絡駅として発展を続ける登戸駅周辺。水と緑の豊かな多摩川を控えた住宅地として、高層のマンションなどの数も増えている。多摩川に架かる多摩水道橋の姿が美しい。

宿河原駅付近の多摩川空撮

平成11年に新しい堰が完成する前の多摩川、二ヶ領宿河原堰付近。上流には小田急線の橋梁がのぞく。左手には登戸の市街が広がっている。

提供：朝日新聞社

Nakanoshima St.
中野島
なかのしま

多摩川の「中の島」から、中島新田の存在も
昭和2年に駅が開業、昭和22年に移転

所在地	神奈川県川崎市多摩区中野島3-13-1
ホーム	2面2線（地上駅）
乗車人数	14,367人
開業年	昭和2(1927)年11月1日
キロ程	19.5km（川崎起点）

昭和42年

◀中野島駅
木造駅舎だったころの中野島駅。改札口の左側には階段があり、ホームは少し高い位置にあった。雨上がりの時間の風景である。

撮影：荻原二郎

現在

◀中野島駅
キトー本社工場跡地の再開発に伴い、屋根の上に時計塔を持つメルヘンチックな駅舎に生まれ変わった中野島駅。同時に駅前交番も改築された。

現在

◀中野島駅ホーム
この駅周辺は再開発により、高層マンションが建設されている。利用者の増加、車両編成の増結で、駅のホームも延長され、屋根の色が異なっている。

　南武線における川崎市多摩区内で3つめの駅が中野島駅である。昭和2(1927)年11月、南武鉄道の大丸停留場への延伸時に誕生。開業当初は中野島停留場で、昭和4(1929)年8月に駅に昇格した。当時の駅は登戸駅寄りの場所にあり、昭和22(1947)年12月、約400m西側の現在地に移転している。

　この中野島駅は相対式ホーム2面2線を有する地上駅である。以前は快速が停車していたが、現在は各駅停車のみが停車する駅となっている。

　「中野島」という地名、駅名は多摩川の中の島のような場所であったことに由来する。当初は「中島新田」と呼ばれ、多摩郡に所属していたが、のちに橘樹郡中野島村となり、明治22(1889)年に登戸村、宿河原村などと合併し、稲田村の一部となった。この稲田村はのちに稲田町と変わり、昭和13(1938)年に川崎市に編入された。

　駅の北側には「布田」という地名が存在し、多摩川の対岸の調布市にも同じ「布田」の地名があり、京王線に布田駅が置かれている。これは明治45(1912)年、東京都と神奈川県の境界線が多摩川上に設定され、調布町（当時）の布田、下布田などが稲田村に編入されたためである。

二ヶ領上河原堰

川崎市多摩区上布田と調布市染地二丁目間の多摩川に設置されている二ヶ領上河原堰。多摩川で初めて設置された取水堰である。

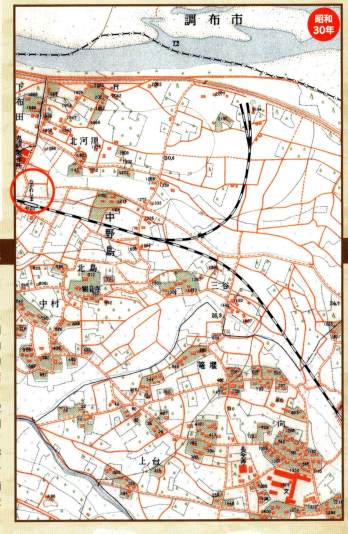

古地図探訪　中野島駅付近

　登戸駅を過ぎて北寄りに進路をとってきた南武線は、この中野島駅付近から再び西寄りに進路を変えて稲田堤駅まで直進することになる。中野島駅の手前から、北に向かって砂利取線が延びていた。また、この中野島駅は昭和22(1947)年に現在地に移転しており、東に約400m離れた旧駅付近から北には、中野島商店街が形成されている。

　地図上には存在しないが、駅の東側、砂利取線が分かれる付近には現在、カリタス女子学園がある。この学校は昭和36(1961)年、カトリック系の学校としてまずカリタス女子中学高校が誕生し、翌年にカリタス幼稚園、2年後にカリタス小学校が開かれている。駅から少し離れた南側、長念寺のそばの「文」マークは、川崎市立登戸小学校である。

新性能電車101系の南武線投入

　南武線の中原電車区に101系が配置されたのは昭和47年であった。当初の車両は房総地区の夏季臨時列車に使われていたもので、当時の津田沼電車区より転属してきた。また、中央線からも転入があったため、オレンジ色とカナリア色の混色編成も見られた。その後、各地区より転入してきたが、昭和51年1月に、当時の浦和電車区からの転入車はスカイブルーで異彩を放っていた。昭和53年7月からは南武線の101系にも冷房車が登場した。

中央線から転入してきた101系はオレンジ色のまましばらく活躍した(川崎駅)

川崎駅に停車している前灯シールドビーム2灯化改造が施された101系。

Inadazutumi St.
稲田堤
（いなだづつみ）

古くは稲田村の
存在、多摩川の堤と合体
昭和46年開業の京王稲田堤駅と連絡

所在地	神奈川県川崎市多摩区菅稲田堤1-1-1
ホーム	2面2線（地上駅）
乗車人数	24,881人
開業年	昭和2（1927）年11月1日
キロ程	20.8km（川崎起点）

◀稲田堤駅
改札口の正面に赤いポストが置かれていた稲田堤駅。駅前の広場には土が見えており、まだ舗装されていなかった。ホームには列車が停まっている。

▲稲田堤駅ホーム
京王稲田堤駅との乗り換えは、歩行者の多い商店街を通り徒歩約5分でたどり着く。同じような乗り換え例として、JR武蔵野線の新秋津駅と西武池袋線の秋津駅がある。

▼稲田堤駅ホーム
戦前の南武鉄道時代の風景。停車している車両はモハ402＋モハ401＋モハ108の3両編成。

◀稲田堤駅
上下ホームが跨線橋で結ばれた地上駅である稲田堤駅だが、平成29年の完成予定で橋上駅舎の建設が進められている。

　多摩川の南側、主に神奈川県川崎市を走る南武線には、都内方面から川を越えてやってくる私鉄各線との連絡駅が複数存在する。稲田堤駅もそのひとつで、連絡する京王相模原線の延伸区間に京王稲田堤駅が開業するのは昭和46（1971）年4月で、かなり遅かった。この京王稲田堤駅は、JRの駅から京王駅前通り商店街を経由した西側、約300m離れた場所にある。
　南武線の稲田堤駅は多摩区内で4つめ、川崎市内最後の駅となる。昭和2（1927）年11月、稲田堤停留場として開業し、昭和3（1928）年8月、駅に昇格した。相対式ホーム2面2線を有する地上駅で、ホーム間の連絡は跨線橋を使用し、上り（2番線）ホームの矢野口側に改札口（北口）が設けられている。また、現在は駅の改良工事を実施中で、平成29（2017）年には橋上駅舎を持つ駅となり、南口が開設される予定である。
　「稲田堤」の地名は「稲田」と「堤」が合わさったもので、「稲田」はもともと「稲毛」の「田」であるともいわれる。明治22（1889）年に5村が合併して稲田村が誕生する前は、菅村が存在しており、現在も駅付近に「菅稲田堤」の地名が残っている。また、明治後期に多摩川の堤に桜の木が植えられて、桜花の名所となり、「稲田堤」の名が広く知られるようになった。

▲ 京王相模原線多摩川橋梁
多摩川を渡る京王相模原線の橋梁。京王多摩川駅から先の路線は、昭和46年4月に延伸している。

▲ 多摩川稲田堤桜之碑
稲田堤駅に近い多摩川沿い（多摩区菅野戸呂9）には、かつて桜の名所だったことを示す、大正11年に建てられた多摩川稲田堤桜之碑が残る。

▼ 多摩水道橋付近の俯瞰
小田急線の和泉多摩川駅付近の上空から多摩川の上流、南武線の沿線周辺を俯瞰する。手前に見える2本の橋は多摩水道橋と小田急の多摩川橋梁である。南武線の中野島・稲田堤駅付近には、高層マンションの姿も見える。

古地図探訪　稲田堤駅付近

南武線には稲田堤駅が置かれているが、京王相模原線はまだ多摩川の手前（東京都側）の京王多摩川駅までしか開業しておらず、南武線との連絡駅となる京王稲田堤駅は存在していない。南武線の南側には、府中街道が走っているものの、現在のように整備されてはいなかった。

稲田堤駅の南西、府中街道沿いの「店」の文字付近に見える「文」の地図記号は、川崎市立菅小学校である。この学校は明治7（1874）年、当時の菅村の寺院に誕生した2つの学舎が合併して成立した古い歴史を有している。地図の右上（北東）には、多摩川から取水する二ヶ領用水の上河原堰が存在している。

昭和30年

現在

Yanokuchi St.
矢野口(やのくち)

神奈川から
東京へ、最初の駅が矢野口
平成17年に高架駅、周辺の渋滞も解消

所在地	東京都稲城市矢野口300
ホーム	1面2線(高架駅)
乗車人数	9,813人
開業年	昭和2(1927)年11月1日
キロ程	22.4km(川崎起点)

昭和42年

◀ **矢野口駅**
丸い穴の開いた4つの出札口が並んでいた地上駅・木造駅舎時代の矢野口駅。レトロな駅名の看板が堂々と掲げられていた。

撮影:荻原二郎

▼ **矢野口駅**
平成の高架駅となった矢野口駅南口駅前のバス乗り場付近。停車しているのは稲城市コミュニティバス。

現在

◀ **矢野口駅ホーム**
南武線には稲城市内に3駅あるが連続立体交差事業により全駅高架化され、近代的な駅へと生まれ変わった。

現在

　稲田堤駅を出た南武線の列車は間もなく神奈川県川崎市に別れを告げ、東京都稲城市内に入る。鶴川街道(県道19号線)を越えると、矢野口駅である。

　新しい駅の印象を受ける矢野口駅は、平成17(2005)年に上下線の高架化が完成した。それまでは相対式ホーム2面2線の地上駅だったが、現在は島式ホーム1面2線の駅となっている。快速は通過し、各駅停車のみが停車する駅である。

　「矢野口」の地名、駅名の由来は「谷の入口」という意味とされる。矢野口駅南側の神奈川県との境界線付近の丘陵地には、よみうりランドや読売ジャイアンツ球場、よみうりゴルフ倶楽部などのレジャー施設が存在する。こうした施設の最寄り駅でもある京王相模原線の京王よみうりランド駅方面とは、都道124号線(ランド通り)で結ばれている。

　この矢野口駅付近は、多摩川原橋を渡ってきた鶴川街道(都道・県道19号線)と、南武線と並行して走ってきた府中・川崎街道(都道・県道9号線)の交差点で、古くから交通の要地だった。そのため、自動車の交通量も多く、地上駅だったころは南武線の踏切の存在で渋滞も発生したが、高架化により踏切の存在がなくなったことで緩和されている。

現在

🍐 **稲城の梨園**

稲城市は東京における梨の産地で、「多摩川梨」のブランドで売り出されている。市内の梨園では幸水・豊水などの品種が作られ、もぎ取りのできる観光農園も多い。

平成21年

🚋 **伊豆急の「黒船電車」**

平成21年5月16・17日に伊豆急2100系リゾート21「黒船電車」を使用した特急「リゾート踊り子号」が立川から浜川崎経由で伊豆急下田まで南武線初の特急列車として運転された。

🔻 **矢野口駅付近の空撮**

地上を走っていたころの南武線。中央付近に見える矢野口駅のホームには跨線橋が架かっている。その南には、川崎街道がほぼ並行して走っている。駅の北側には、公社矢野口住宅が建つ。

🚶 古地図探訪　　矢野口駅付近

多摩川を渡る多摩川原橋から鶴川街道が延び、府中・川崎街道と交差する付近に、南武線の矢野口駅が置かれている（地図上の記載なし）。この時期、南多摩郡稲城町（現・稲城市）の地名である「矢野口」は、駅の南側に見え、駅付近には「塚戸」「宿」などの地名が残っている。

「宿」の文字がある付近の南西（左下）に見える「卍」の地図記号は浄土宗の寺院、円覚寺である。また、「文」の地図記号は稲城市立稲城第一小学校である。この学校は明治4（1871）年に創立された長沼郷学校を母体とした、古い歴史と伝統を誇っている。

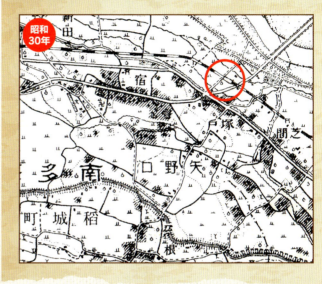

昭和30年

昭和59年　矢野口駅

提供：朝日新聞社

Inaginaganuma St.
稲城長沼
（いなぎながぬま）

所在地	東京都稲城市東長沼556
ホーム	2面4線（高架駅）
乗車人数	6,733人
開業年	昭和2(1927)年11月1日
キロ程	24.1km（川崎起点）

稲城市中心部に位置、市役所の最寄り駅
多摩川の南に沼の存在、東長沼村の歴史

現在

◀ **稲城長沼駅**
平成25年に高架化が完成した稲城長沼駅。ストライプのデザインで、波打つような外観を持つ駅舎に生まれ変わった。

現在

▲ **稲城長沼駅ホーム**
当駅周辺は古くからナシの産地として知られ、多摩川沿いに梨畑が連なっている。京王線にも長沼駅があるが、そちらは八王子市の長沼である。

昭和42年

◀ **稲城長沼駅**
左には公衆電話のボックス、右にはポストと売店という、駅前定番の三点セットが揃っていた稲城長沼駅の木造駅舎。セーラー服姿の少女がいる懐かしい風景である。

撮影：荻原二郎

　南武線の稲城市内2番目の駅は「稲城長沼」である。この駅は稲城市中心部に位置し、稲城市役所の最寄り駅であり、南武線の主要駅のひとつとなっている。なお、市役所に行くには、南側を走る京王相模原線の稲城駅のほうが近いが、稲城駅は昭和49(1974)年誕生で、開業時期は稲城長沼駅より遅かった。稲城長沼駅は昭和2(1927)年11月の開業で、稲城市に市制が敷かれる前からの玄関口である。現在は高架駅で、快速、各駅停車が停車し、当駅始発・終着の列車も存在する。

　明治22(1889)年、東長沼、矢野口、大丸などの6村が合併して、神奈川県稲城村が誕生。明治26(1893)年に東京府に移管され、昭和32(1957)年に稲城町となった。稲城市に昇格するのは昭和46(1971)年11月である。

　「稲城」の地名の由来は不詳だが、稲城村の誕生時に漢学者の意見を参考に決められたという伝承がある。この付近が稲毛氏ゆかりの場所で、かつては良質の米を産し、また、山城の跡が点在することなどから「稲城」が選ばれたというもの。一方、「長沼」については、このあたりに長い沼があったことに由来するという。八王子市にも同じ地名があり、区別するために「東長沼」とされて、村名にもなっていた。この稲城市は、東京の梨生産地として知られている。

▲稲城長沼付近の機関車
昭和18年製の東芝標準型の凸型電気機関車。南武鉄道ではなく青梅鉄道からの買収機関車だが、西国立支区に配属されて昭和37年まで在籍した。

昭和27年
撮影：竹中泰彦

▲EF51形機関車
のどかな丘陵地帯を走る電気機関車の風景も、今は過去のものとなった。貨物列車牽引という地味な仕事に従事していたが力強さを感じた。

昭和27年
撮影：竹中泰彦

▽稲城長沼駅付近の空撮
高架駅になる前の稲城長沼駅付近の空撮で、南武線と川崎街道が並行して走っている。現在、駅の南西には稲城第2アパート、稲城ハイコーポなどが誕生している。

古地図探訪　稲城長沼駅付近

　稲城市が成立する前に存在し、駅名の由来となった東長沼村の名残を示す「東長沼」の住居表示が、南武線の線路の南側に見える。稲城長沼駅の南西、「後村」の文字の横に見える2つの「文」の地図記号は、稲城市立稲城第三小学校と稲城第一中学校である。後者は昭和22（1947）年に開校している。

　また、整備される前の鶴川街道沿いには、稲城町（村）役場の地図記号が見える。現在の稲城市役所は市制10周年を迎えた昭和56（1981）年、鶴川街道南側の現在地に移転している。また、その南側には京王相模原線が通り、稲城駅が置かれている。駅の北西に見える「鳥居」の地図記号は、津島神社である。

昭和30年

昭和59年
提供：朝日新聞社

Minamitama St.

南多摩
みなみたま

大丸停留場で開業し、
一時は多摩聖蹟口に改称
貨物駅の南多摩川駅と合体、南多摩駅に

所在地	東京都稲城市大丸1043
ホーム	1面2線（高架駅）
乗車人数	6,702人
開業年	昭和2（1927）年11月1日
キロ程	25.5km（川崎起点）

昭和42年

撮影：荻原二郎

🔼 **南多摩駅**
地上駅だったころ、先代の南多摩駅には小さな木造駅舎が建っていた。しっとりとした空気が漂っている、雨の降った日の駅前風景である。

現在

🔼 **南多摩駅**
南多摩駅は平成20年代前半に下り線、上り線の順に高架化されていった。ホームも地上駅時代の相対式から、島式に変わった。

🔽 **南多摩付近**
複線用地が確保されたのどかな多摩丘陵を走る11形。現在この周辺は、まるで新線が開業したような高架区間となっている。

現在

◀ **南多摩付近**
府中街道の上を超えるアーチ橋を走る205系。E233系の台頭で乗車チャンスも少なくなってきた。

昭和29年

撮影：竹中泰彦

　このあたりまで府中・川崎街道沿いを通ってきた南武線は、この道路に別れを告げて、多摩川を渡り、府中市内に向かうことになる。その手前、多摩川の南岸（右岸）に位置する最後の駅が、南多摩駅である。

　昭和2（1927）年11月、南武鉄道が登戸駅から延伸された際に終着駅となったのが前身にあたる大丸停留場で、現在の南多摩駅より約300m、稲城長沼駅寄りに存在した。その後、屋敷分（現・分倍河原）駅まで延伸され、この大丸停留場は昭和6（1931）年、多摩聖蹟口停留場に改称された。一方、昭和9（1934）年、貨物駅として誕生した南多摩川駅が昭和14（1939）年に多摩聖蹟口停留場を併合し、現在地に移転して駅名を改称、南多摩駅となったのである。

　駅名の由来をたどれば、「大丸」は稲城村誕生前には大丸村の存在があり、現在も川崎街道に大丸交差点、駅南西に大丸公園が残ることと関係がある。また、「多摩聖蹟口」の名称は、昭和5（1930）年に開館した「多摩聖蹟記念館」の存在による。この地方を訪れた明治天皇の行幸地に建てられた歌碑とともに、浅草にあった三条実美公爵の別荘・対鴎荘を移築し、庭園なども整備された。現在は多摩市に寄贈され、多摩市立旧多摩聖蹟記念館となっている。

昭和34年

▲南武線の多摩川橋梁
南多摩駅に向かって多摩川橋梁を通過する南武線の4両編成列車。奥には府中街道の是政橋が架かり、西武多摩川線是政駅付近の街が見える。

撮影：小川峯生

昭和31年

撮影：荻原二郎

▲京南武線の多摩川橋梁
橋脚はすでに複線用に造られているが、線路の敷設はなかなか進まなかった。この鉄橋を含む稲城長沼〜谷保間は南武線で最後に複線化された区間。

南武是政駅

昭和3年に是政多摩川停留場として開業し、4年後に南武是政に改称するも、国有化と同時に廃止された。停留所のあった場所は府中本町駅から南に向かった矢崎町三丁目交差点付近であり、現在は南武線と武蔵野貨物線が並行して走っている。

古地図探訪　　南多摩駅付近

　地図の中央に見える是政橋の西側で、南武線は多摩川を渡ることになるが、その手前に南多摩駅が置かれている。多摩川を渡った府中市側には、西武武蔵境線（現・多摩川線）があり、府中競艇場（現・多摩川競艇場）の西側に是政駅が置かれている。現在は競艇場の北側を中央自動車道が通っている。

　一方、多摩川の南側、南多摩駅付近では、川崎街道と府中街道がまだ現在のように整備されていなかった。地図上には見えないが、駅の南側には現在、テニスコートや芝生広場がある大丸公園や稲城市立中央図書館が誕生している。また、この付近には医王寺や円照寺、大麻止乃豆乃天神社といった神社仏閣がある。

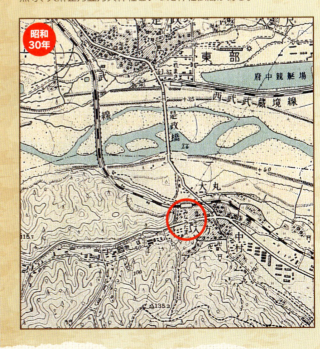

昭和30年

Fuchuhonmachi St.
府中本町
府中市役所最寄り駅、25万都市の玄関口のひとつ
昭和2年に開業、昭和48年に武蔵野線も開通

所在地	東京都府中市本町1-29
ホーム	3面6線（地上駅）
乗車人数	17,079人
開業年	昭和3(1928)年12月11日
キロ程	27.9km（川崎起点）

昭和42年

撮影：荻原二郎

🔺府中本町駅
武蔵野線が開業し、南武線との接続駅になる前の府中本町駅。この時期には下河原線に東京競馬場前駅が存在し、競馬ファンは主にそちらを利用した。

現在

🔺府中本町駅
通過線を含めれば、6線分のホームを有する府中本町駅。駅舎の幅は広く、目の前にタクシー乗り場が設けられている。

▶府中本町駅
南武鉄道が延伸し、開業して間もないころの府中本町駅である。右側には駅舎と旅客ホーム、左側には貨物用のホームなどが見える。

現在

◀東京競馬場臨時出口
JRA東京競馬の開催時には多くのファンが利用する府中本町駅。コンコースの向かい側には、巨大な臨時改札口（出口）が用意されている。

昭和初期

所蔵：生田誠

　人口約25万人を数える東京都府中市の玄関口のひとつがこの府中本町駅である。駅の東側を府中街道（都道9号線）が走り、旧甲州街道（都道229号線）と交わる付近に府中市役所がある。この駅の開業は昭和2（1927）年12月、南武鉄道の大丸（現・南多摩）〜屋敷分（現・分倍河原）間の開通時である。

　昭和48（1973）年4月、武蔵野線の府中本町〜新松戸間が開通して連絡駅となった。この府中本町駅は地上駅で、3面6線の構造となっている。南武線は相対式ホーム2面2線の1・4番ホームを使用し、武蔵野線は島式1面2線の2・3番ホームを使用する。1・2番線、3・4番線の間には、それぞれ当駅を通過する武蔵野貨物線が走っている。

　この府中市は武蔵国の国府があったことで知られ、国府が置かれていた場所は現在の大國魂神社付近とされている。また、江戸時代には甲州街道の府中宿が置かれ、旅人で賑わった。明治13（1880）年1月、神奈川県北多摩郡に府中駅が誕生、明治26（1893）年に東京府に移管され、府中町に改称されている。昭和29（1954）年、多磨村、西府村と合併して、現在の府中市が成立した。また、所在地で駅名の一部になった。「本町」は、府中市の中心であることを示している。

昭和29年

🚶 府中本町駅ホーム

砂利が敷かれた1番線ホームには川崎行き、2番線ホームには立川行きの列車が停車している。府中本町駅は昭和38年まで貨物取り扱いを行っており、1番線の右側には貨車の姿もある。

古地図探訪

府中本町・分倍河原駅付近

昭和30年

　中央線の支線である下河原線が存在していたころの府中本町・分倍河原駅周辺の地図である。この下河原線には国分寺～東京競馬場前間の旅客線と、北府中～下河原間の貨物線があったが、昭和48（1973）年4月、武蔵野線の開業に伴い、旅客線が廃止された。貨物線は一時、武蔵野貨物線支線となったものの、3年後に廃止されている。

　また、武蔵野線の開業により、府中本町駅は南武線と武蔵野線の連絡駅となっている。一方、次の分倍河原駅は京王線との連絡駅であり、その南側に「分梅河原古戦場碑」の文字も見える。府中本町駅の東側には、大國魂神社が鎮座し、南東には日本ダービー、ジャパンカップなど中央競馬の大レースが開催される東京競馬場がある。

◀京府中本町駅構内
昭和初期に活躍した200形の制御車は自動連結器であった。

昭和14年

東京メガループ

　東京メガループとは、JR東日本が定めた、他の鉄道会社との乗り換え駅を多く持つ東京圏の環状路線群である南武線・横浜線・武蔵野線・京葉線を総括する名称である。次世代標準電車のE233系が武蔵野線以外の3路線全てに投入されている。

　民鉄サイドからこの4路線に接続する駅は下記の通り。

●東武鉄道→新越谷(南越谷)、朝霞台(北朝霞)●西武鉄道→秋津(新秋津)●京王電鉄→分倍河原、京王稲田堤(稲田堤)、橋本●小田急電鉄→登戸、町田●東急電鉄→武蔵小杉、菊名、溝の口(武蔵溝ノ口)、長津田●京急電鉄→京急川崎(川崎)、仲木戸(東神奈川)●京成電鉄・北総鉄道→東松戸●新京成電鉄→八柱 (新八柱)●埼玉高速鉄道→東川口●東葉高速鉄道→西船橋●東京地下鉄→八丁堀、新木場、西船橋●東京臨海高速鉄道→新木場●つくばエクスプレス→南流山●流鉄→幸谷(新松戸) ●横浜市営地下鉄→新横浜、中山●千葉モノレール→千葉みなと

武蔵野線府中本町付近の貨物列車

横浜線橋本付近のE233系

武蔵野線三郷付近の205系

京葉線葛西臨海公園付近のE233系

府中本町駅付近の空撮

武蔵野線が開通する前の府中本町駅が中央下に見える。南武線は北から西に大きくカーブして、分倍河原方面に進んでいく。駅から手前右側の東京競馬場へ続く道路が見える。駅の北（上）側には大國魂神社境内の緑が見え、その先には府中の市街が広がっている。

昭和42年

提供：朝日新聞社

Bubaigawara St.
分倍河原
（ぶばいがわら）

昭和3年、玉南電気鉄道の屋敷分駅が開業
京王線に連絡、現駅名は古戦場名としても有名

所在地	東京都府中市片町2-21-18
ホーム	2面2線（地上駅）※南武線のみ
乗車人数	39,069人
開業年	昭和3（1928）年12月11日
キロ程	28.8km（川崎起点）

昭和31年
提供：京王電鉄

現在
分倍河原駅
分倍河原駅には、JR線と京王線の乗り換えに2つの連絡口が用意されている。京王線の改札口は、中2階にあたる場所にある。

分倍河原駅
大正14年に屋敷分駅として開業した京王線の分倍河原駅。木造駅舎の左手には売店の姿もある。国鉄の分倍河原駅も、この駅舎を使用していた。

分倍河原駅ホーム
分倍河原は古戦場として知られている。その記念碑は駅の南西方向、中央自動車道の南側に建てられている。分倍河原駅と京王線の中河原駅との中間地点あたりである。

現在

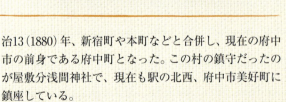
現在

分倍河原駅付近
分倍河原駅は崖地にあるため、南武線のホームは1階、京王線のホームは2階にあたる場所に設けられている。JR線のホームをまたぐ跨線橋もある。

　南武線で3つめの「河原」の名称を持つのは、京王線との接続駅である分倍河原駅である。昭和3（1928）年12月、南武鉄道2度目の延伸時の終着駅として、屋敷分駅が開業。昭和4（1929）年12月、立川駅まで延伸（全通）して途中駅となった。また、同じ月に現在の分倍河原駅に駅名を改称している。一方、京王線の駅は大正14（1925）年3月、玉南電気鉄道の屋敷分駅として誕生している。翌年、京王電気軌道（現・京王電鉄）の駅となり、昭和3年12月に分倍河原駅に駅名を改称した。
　開業時の駅名になった「屋敷分」とは、甲州街道の宿場・府中宿の西隣にあった村の名称である。この村は明治13（1880）年、新宿町や本町などと合併し、現在の府中市の前身である府中町となった。この村の鎮守だったのが屋敷分浅間神社で、現在も駅の北西、府中市美好町に鎮座している。
　「分倍河原」の地名の由来は不詳で、「分梅」とも記されてきた。この地名を有名にしたのは、2度にわたり行われた「分倍河原の戦い」である。その最初は元弘3（1333）年、新田義貞が鎌倉幕府（北条氏）の軍を破ったもので、新田川分梅公園には分倍河原古戦場碑が建てられている。また、この分倍河原駅前には新田義貞像が建てられている。

分倍河原の戦い

分倍河原駅前に建つ新田義貞像は遠く南に位置する鎌倉を向いている。清和源氏の一族だった義貞は元弘3 (1333) 年に挙兵して幕府軍を破り、鎌倉に進撃して鎌倉幕府を倒した、建武中興の立役者のひとりである。

しかし、義貞の前には幕府軍が立ちふさがり、激戦が行われ、義貞は一時、敗れている。それがこの武蔵国分倍河原で行われた、分倍河原の戦いである。義貞軍は小手指原の戦いで勝利し、さらに南に進み、多摩川の分倍河原で再度、幕府軍と対峙する。ここで援軍を得た幕府軍が一時は勝利を収めるが、義貞軍にも援軍が現れ、今度は義貞軍の奇襲で幕府軍を打ち破った。義貞は続く関戸の戦いでも勝利し、鎌倉に駒を進めることになるのである。

昭和38年

京分倍河原駅に到着
クモハ11、サハ17、モハ10、クハ16の4両編成は、4車種が連結された11形の見本のような編成であった。
撮影：小川峯生

昭和58年

石灰石を運ぶ貨物列車
奥多摩で産出した石灰石は青梅線・南武線・鶴見線を経由して、京浜工業地帯の工場へ運ばれていた。写真は青梅線内。
撮影：高橋義雄

分倍河原駅の駅前ロータリーに建つ新田義貞の騎馬像。

昭和58年

分倍河原駅ホームの石灰石列車
多量の石灰石を積載した無蓋車(ホキ)が分倍河原駅のホームを通過してゆく。この駅のホームは現在も相対式2面2線である。
撮影：荻原二郎

Nishifu St.

西府
にし ふ

所在地	東京都府中市本宿町1-40-6
ホーム	2面2線（地上駅（橋上駅）)
乗車人数	10,137人
開業年	平成21（2009）年3月14日
キロ程	30.0km（川崎起点）

平成に誕生した新駅、「府中の西」に由来
南武鉄道時代に西府、本宿の停車場があった

▲西府駅北口
東京都内では21世紀初の新設駅となった西府駅。ガラス張りの大きな窓をもつ現代的な建物で、南北を結ぶ自由通路と一体となった構造である。

▲西府駅南口
開業から6年あまりの西府駅南口。この南口の前には、府中第五小学校、府中保育園分園などが建っている。

◀西府駅ホーム
南武線で唯一、平成に誕生した駅であるが、平成28年に小田栄駅が誕生する予定なので、最新の座は明け渡すことになる。

▼武蔵中熊野神社古墳
熊野神社境内の本殿北側にあり、7世紀の上円下方墳として国の史跡に指定されている。今世紀に発掘が行われて、古墳であることが確認された。

　南武線で府中市内最後の駅は、平成21（2009）年3月に開業した西府駅である。今世紀に誕生した新しい駅ではあるが、さかのぼれば、南武鉄道時代には付近に西府停留場と本宿停留場という2つの停留場（駅）の存在があった。西府停車場は昭和4（1929）年12月、分倍河原～立川間の延伸時に開業。本宿停留場は、2年遅れの昭和6（1931）年11月に開業した。

　この2つの停留場は昭和19（1944）年4月、南武鉄道の国有化時に廃止されたが、65年を経て、沿線の人口が増加し、利用者が増えたために両者の中間、本宿停留場寄りに駅として復活した形である。

　「西府」の地名、駅名は「府中の西」という意味で、明治22（1889）年、本宿、中河原、四ツ谷の3村が合併して西府村が誕生している。当初は神奈川県に所属していたが、明治26（1893）年に東京府に移管された。昭和29（1954）年4月、府中町、多磨村と合併して府中市が誕生、その一部となった。

　西府駅は相対式ホーム2面2線を持つ地上駅で、橋上駅舎を有している。開業当初は快速の停車駅だったが、現在は快速が通過し、各駅停車のみが停車する。

石灰石輸送ルートの南武線

　南武線は、青梅線・五日市線と同様に戦前の私鉄時代から浅野財閥の影響下にあり、奥多摩で産出された石灰石を専用貨物列車で京浜工業地帯に輸送した。この石灰石輸送列車は昭和20年代後期からED16形、後年にEF15形電気機関車で牽引されていた。

　奥多摩駅構内にある奥多摩工業の工場から石灰石がホッパ車に積み込まれ、浜川崎・塩浜まで運転。また、浜川崎～拝島間では米軍基地への輸送列車も運転され、特急街道ならぬ「貨物街道」であった。

　ED16形は昭和57年11月改正時にEF64形に置き換えられ、1号機は青梅鉄道公園にて保存され実物展示物となっている。昭和62年のJR貨物発足時にも奥多摩～浜川崎・塩浜間の貨物列車が運転されていたが、石灰石輸送はトラック輸送へ転換され、川崎のセメント工事もコストの関係で船便での購入にシフトしたため、平成10年8月13日をもって石灰石輸送は幕を閉じた。

昭和55年に準鉄道記念物に指定された静態保存機のED16形1号機。

旧・西府駅と本宿駅

　現在の西府駅開業前の分倍河原～谷保間の駅間距離は南武線では最も長く、2.8kmもあった。南武鉄道の時代には、この間に本宿、西府の2つの停留所があったが、国有化のときにどちらも廃止された。平成21年3月に本宿停留所のあった場所に現在の西府停留所を新設して、65年ぶりに駅を復活させた。旧・西府駅は現在の西府駅より北側の甲州街道に架かる西府橋と南武線が交差する掘割の地点に存在した1面1線の小さな構造であった。

🚶 古地図探訪　　　　西府駅付近

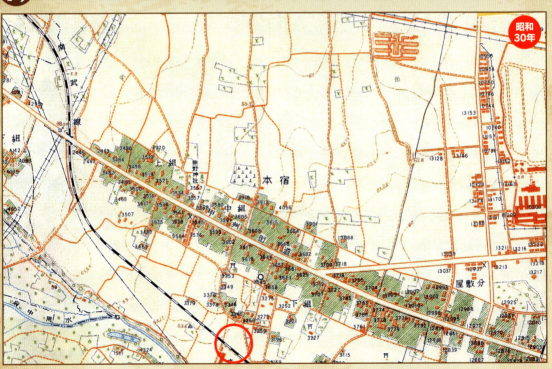

昭和30年

　この西府駅付近では、南武線は北の国道20号（甲州街道）、南の府中用水に挟まれた場所を通っている。甲州街道は地図中央やや下の本宿交差点で、旧甲州街道と合流している。甲州街道沿いには府中宿（本宿）の上組、中組、下組という古い地名が存在している。街道沿いを除けば、南北ともに農耕地が広がっていた。

　西府駅の開業は平成21（2009）年3月であり、この地図上には存在しないが、置かれている場所は「文」の地図記号が見える府中市立府中第五小学校のすぐ北側である。また、現在はそのすぐ東側を新府中街道が南北に走っている。駅の西側には国道から分かれた野猿街道が走る。

Yaho St.
谷保(やほ)

所在地	東京都国立市谷保5012
ホーム	2面2線（地上駅（橋上駅））
乗車人数	10,173人
開業年	昭和4（1929）年12月11日
キロ程	31.6km（川崎起点）

国立市内2駅のひとつ、国立市役所の最寄り駅
谷保村は国立町に、昭和40年に市制が施行

昭和40年

撮影：荻原二郎

◀谷保駅
昭和41年に橋上駅舎になる前、地上駅舎だった頃の谷保駅。この木造駅舎は現在の南口側にあった。駅前はまだ舗装されていなかった。

現在

◀谷保駅南口
住宅地の真ん中にある駅であり、この南口の駅前はかなり狭い。谷保天満宮へはこの南口から歩けばすぐにたどり着く。

昭和40年

撮影：小川峯生

◀谷保付近
南武線・青梅線イコール旧型国電のイメージを抱く鉄道ファンは多かった。両線に共通するのは私鉄買収線で支線的な性格であったことである。

現在

◀谷保駅北口
谷保駅の北口にはロータリーがあり、バス乗り場が設けられている。ここから国立駅まで都道146号国立停車場谷保線が延びている。

　分倍河原駅からは、多摩川の流れに合わせたように北東に進む南武線。この区間では、多摩川との間を中央自動車道が走ることになる。谷保駅の南には、国立府中インターチェンジが置かれており、自動車交通の要地となっている。

　南武線における国立駅最初の駅である谷保駅は、国立市役所の最寄り駅となっている。開業は昭和4（1929）年12月、分倍河原〜立川間の延伸時である。現在の駅は相対式ホーム2面2線を持つ地上駅。昭和41（1966）年に南武線の複線化が完成し、現在のような橋上駅舎が誕生している。

　駅のある国立市は文教都市として有名である。一橋大学が東京商科大学だった昭和2（1927）年、当時の谷保村に移転。昭和24（1949）年に一橋大学となった。また、「国立」を冠した国立音楽大学が昭和53（1978）年まで、市内にキャンパスを構えていた。

　北側を走る中央線に国立駅が開業したのはそれほど古くはなく、大正15（1926）年のことである。このとき、隣の国分寺駅と立川駅の頭文字をとって「国立」の駅名が誕生した。それ以前、この地は明治22（1889）年から存在した谷保村で、昭和26（1951）年に国立町、昭和40（1965）年に国立市になった歴史がある。

現在

◁谷保駅付近の貨物列車

天神前踏切を通過する貨物列車。「天神前」の名称は南に位置する谷保天満宮に由来する。重連の先頭機はEF64。

現在

◁谷保付近の205系

首都圏の205系の活躍の場は年々少なくなっており、南武線（川崎～立川間）も横浜線同様E233系への置き換えが完了する時期も近いと思われる。

谷保天満宮

　谷保天満宮は、関東三大天神のひとつとして知られ、その中でも最も古い歴史をもつ。後宇多天皇奉献の勅額「天満宮」、「木造獅子狛犬」（鎌倉時代）は、ともに国の重要文化財に指定されている。また、この地は明治41（1908）年、有栖川宮が先導した「遠乗会」という日本初のドライブツアーの目的地となったことで、「交通安全発祥の地」とされ、その絵馬や御守りがつくられている。

昭和40年

△谷保付近

昭和38年のダイヤ改正時から南武線も現在と同じく6両編成で運行が開始された。昭和52年暮れまで稲城長沼で分割併合が行われ、立川方は4両編成のみの運行であった。

撮影：小川峯生

古地図探訪　谷保駅付近

　甲州街道沿いに谷保の集落が広がり、上谷保、下谷保、坂下などの地名が残されている。谷保駅の南西に谷保天満宮前の交差点があり、谷保天満宮が鎮座している。この神社は延喜3（903）年に菅原道真の三男、道武が父を祭る廟を建てたことに始まり、東日本最初の天満宮として知られる。亀戸天満宮、湯島天満宮と並び、関東三大天神とされており、ここから「野暮天」の言葉が生まれたという。

　一方、谷保駅のある南武線の北側には、農耕地が広がっているが、その北には都立国立高校、桐朋高校、国立第一中学校、国立第三小学校などが置かれている。国立高校は旧制府立第十九中学校を起源とする名門校で、野球部は都立校として初めて夏の甲子園に出場した。

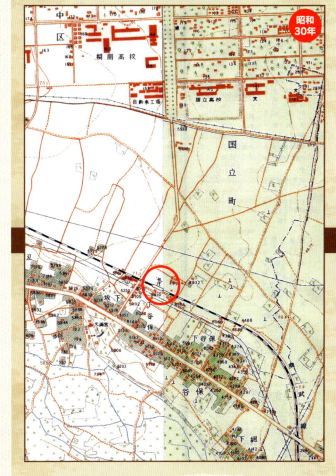

昭和30年

Yagawa St.
矢川
昭和7年に駅が誕生、41年に橋上駅舎化
駅名の由来は、流れの速い川の存在から

所在地	東京都国立市石田660
ホーム	1面2線(地上駅(橋上駅))
乗車人数	7,891人
開業年	昭和7(1932)年5月20日
キロ程	33.0km(川崎起点)

昭和40年

◀矢川駅
昭和40年、単線時代の矢川駅には、ローカル色漂う木造駅舎が線路脇にポツンと存在していた。ホームの上にも、小さな屋根しか存在していなかった。

撮影:荻原二郎

現在

◀矢川駅ホーム
駅舎は改築されたが、矢川駅のホームはいまだ狭いままである。2番線ホームに川崎行きの各駅停車が遅れてやってきたところである。

▶矢川駅踏切
南武線の川崎～立川間を走るE233系・209系・205系のラインカラーは黄色・オレンジ色・ぶどう色の帯を巻く。これは103系・101系・旧型国電のカラーをイメージしたもの。

現在

◀矢川付近の205系
E231系・E233系が配置される前までは首都圏の主力車両であった205系も幹線から退き、近年は東北線の宇都宮地域や日光線でも運用されるようになった。

現在

国立市で2つめの駅が矢川駅である。駅の開業は昭和7(1932)年7月で、両隣の谷保駅、西国立駅から3年遅れの駅誕生だった。なお、西国立駅は駅名とは異なり、立川市内に置かれている。

「矢川」の地名、駅名は、駅付近を流れる小さな川の名称に由来する。この川が矢川と呼ばれるようになったのは、流れが急で矢のようだったことによる。

矢川駅は現在、島式ホーム1面2線を有する地上駅である。開業当時は単線で、昭和41(1966)年に谷保～西国立間が複線化されたとき、橋上駅舎が完成した。快速は通過し、各駅停車のみが停車する駅である。

この駅の北西、立川市との境界線付近には、東京女子体育大学のキャンパスがある。この大学は、明治時代に誕生した東京女子体操学校から発展し、東京女子体育専門学校を経て、東京女子体育短期大学となり、昭和36(1961)年に現在地に移転してきた。昭和37(1962)年に東京女子体育大学が創設され、新体操の山崎浩子、川本ゆかりらのオリンピック選手を輩出している。また、女優の左幸子、歌手のEPOが通ったこともある。この大学のキャンパスと、両市の境界線となる道路を挟んで向かい合う形で、立川市側に立川市立立川第三中学校が存在し、南武線がすぐ横を通過していく。

矢川湿原

駅から5分ほど歩けば、駅名の由来となった矢川湿原にたどり着く。矢川は約1.5kmの短い河川だが、東京都の保存湿地に指定されており、鳥や昆虫たちの棲む宝庫でもある。また、この矢川沿いの住宅では川に洗い場がある場所もあって、生活用水として利用されてきた歴史もある。

◆矢川駅付近の空撮

右上から左下に通る南武線に矢川駅が置かれている。この当時は、平成23年に誕生する新駅舎の前、シンプルな橋上駅舎だった。駅周辺にはまだ田畑が多く残っていた。

古地図探訪　矢川駅付近

矢川駅付近まではほぼ西に向けて進んできた南武線は、この駅を過ぎると北西に進路を変えることになる。また、矢川駅付近では、甲州街道と南武線との距離が少しずつ広がってきている。駅の南西には、駅名(地名)の由来となった矢川の流れが見える。

駅の南東に江戸時代の寛文年間に開山された臨済宗建長寺派の寺院、永福寺がある。甲州街道を越えた南側にある南養寺も、同じ臨済宗建長寺派の寺院で、こちらは南北朝時代の正平2(1347)年創建の古寺として知られる。地図の右上(北東)隅に見える都立第五商業高校は昭和16(1941)年の開校で、昭和19(1944)年に現在地に移転してきた。

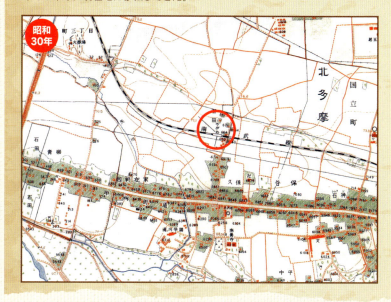

昭和30年

昭和59年

矢川駅

提供：朝日新聞社

Nishikunitachi St.
西国立
にし　くに　たち

昭和4年、
南武鉄道の立川延伸時に開業
立川機関区は、昭和59年に廃止された

所在地	東京都立川市羽衣町1-25-23
ホーム	2面2線(地上駅)
乗車人数	9,794人
開業年	昭和4(1929)年12月11日
キロ程	34.3km(川崎起点)

昭和40年
撮影:荻原二郎

◀西国立駅
現在のような姿になる前、小さな駅舎を有していたころの西国立駅。「出札所」と書かれた窓口(出札口)には、女の子を背負った母親の姿が見える。駅前の売店も健在だった。

▲西国立駅　現在
白い壁の新しい駅舎となった西国立駅。駅前の売店に代わってベーカリーショップ、奥にあった民家に代わって高層マンションが誕生している。

▲西国立駅ホーム　現在
西国立駅の1番ホームに川崎行きの各駅停車が停車している。この車両は中間車改造の205系1200番代。

▲西国立駅ホーム　昭和32年
貨物輸送で活躍した2両の電気機関車が見える西国立駅のホーム。この駅では、昭和26年から昭和38年まで貨物取り扱いを行っていた。
撮影:沖田裕作

　西国立駅は昭和4(1929)年12月、南武鉄道の屋敷分(現・分倍河原)～立川間の延伸時に開業している。その後、昭和19(1944)年4月に国有化されて南武線の駅となり、翌5月に駅に隣接する形で、立川機関区が開設された。立川機関区は昭和59(1984)年に廃止され、跡地はマンションなどに変わっている。この機関区廃止とともに、駅付近にあった立川市役所や立川地方合同庁舎などが立川駅北口に移転し、周辺の風景は大きく変わっている。
　西国立駅が立川市内にあることは、すでに矢川駅のページでも述べたが、昭和4年の開業時から昭和19年までは、立川駅との中間に東立川停留場が置かれていた。しかし、西国立～立川間の距離は現在でも1.2kmで、戦時においては不要不急の駅として、廃止されたのもやむを得なかった。
　駅の構造は相対式ホーム2面2線を有する地上駅で、ホーム間は跨線橋で連絡している。駅舎は東側にあり、かつてはその北東に立川機関区が存在した。この機関区には、石炭輸送などを行うED16などの電気機関車が所属し、ターンテーブルなどは存在せず、その規模は比較的小さかった。

西国立駅付近の空撮

立川方向からの空撮写真で、西国立駅の手前(左側)には、この年に廃止される立川機関区が見える。周辺にあった立川市役所の建物なども移転してこの後、姿を消した。

昭和59年

立川機関区

提供:朝日新聞社

西国立駅始発列車

現在、平日、土休日ともに朝方2本の西国立発川崎行きの列車が設定されている。中央線・青梅線の乗り換え客が多い立川から乗客を乗せず、1つ先の西国立を始発とするのには理由がある。この列車は立川の留置線から出庫するが、立川駅では留置線から直接ホームに入線可能な配線ではないため(いったん、本線に入り折り返しする必要が生じる)、他の列車の運行にも支障があり、そのまま進んで西国立まで回送し、当駅始発として運行されるのである。

東立川停留場

昭和4年、近くにあった軍需工場の従業員のため、立川〜西国立間に開業したが、不要不急と判断され、昭和19年に廃止された。中央本線と分かれる地点の羽衣一丁目あたりに当停留場があったようだが、現在、痕跡は残っていない。

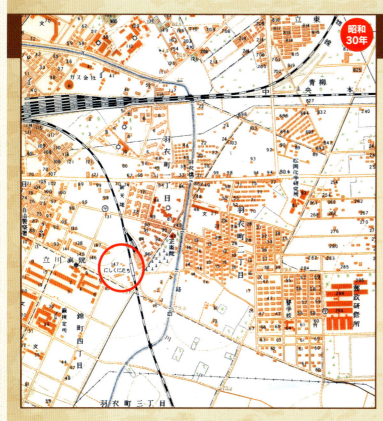

昭和30年

古地図探訪
西国立駅付近

地図の南側で南武線と交差し、北側では中央線と交わる緑川は、旧・陸軍立川飛行場の排水を流すための人工河川だった。この時代には、羽衣町一丁目に羽衣橋が架かっていたが、昭和40年代に暗渠化されている。西国立駅の西側には立川病院があり、南側に東京都蚕検定所が見える。この蚕検定所は生糸生産が盛んだったころ、全国各地に置かれたもののひとつだった。
一方、駅の東に隣接して立川機関区が置かれ、鉄道ファンに広く知られていた。その北東、緑川を越えた場所にある「文」の地図記号は、立川市立立川第六小学校である。少し離れた南東に見える立川聾学校は駅の北側に移転し、郵政研修所は郵政大学校に変わっている。

Tachikawa St.

立川
たちかわ

明治22年、甲武鉄道終着駅として誕生
中央線・南武線・青梅線の連絡駅に

所在地	東京都立川市曙町2－1－1
ホーム	4面8線（地上駅（橋上駅））
乗車人数	160,347人
開業年	明治22（1889）年4月11日
キロ程	35.5km（川崎起点）

昭和40年

現在

立川駅北口
ルミネ立川店、伊勢丹立川店などがある立川駅北口。道路を挟んでペデストリアンデッキが張り巡らされ、多くの歩行者が利用している。

撮影：荻原二郎

立川駅北口
明治22（1889）年、開業した当時の立川駅には、この北口にしか改札口はなかった。まだ橋上駅舎になる前の姿で、左手には鉄道案内所、自動券売機がある。タクシー乗り場の前には、大勢の人の姿が見える。

立川駅南口
昭和57（1982）年に橋上駅舎に変わる以前、再開発される前の立川駅南口の駅前風景。靴磨きのテントが並び、右手奥には立川南口商店街の標識が見える。

現在

立川駅南口
西改札側にエキュート立川とホテルメッツ立川、東改札側にグランデュオ立川がある南口。北口同様にペデストリアンデッキが設けられている。

昭和40年

撮影：荻原二郎

　明治22（1889）年4月、甲武鉄道の新宿～立川間が開通し、現・JR中央線の立川駅が誕生している。同年8月には立川～八王子間が延伸。明治27（1894）年には青梅鉄道の立川～青梅間（現・青梅線）が延伸した。昭和5（1930）年には五日市鉄道（現・五日市線）の立川～拝島間が開業している。南武線の立川延伸が実現したのは、昭和4（1929）年12月である。このとき、屋敷分（現・分倍河原）～立川間が開通し、立川駅に南口が開設された。

　「立川」という駅名、地名の由来には2つの説がある。まず、多摩の横山といわれる連山（現・多摩市付近）から見て、多摩川が縦方向に流れている付近を「立の河」と呼び、そこから「立川」になったという説。また、豪族の立川氏の城があったことから地名になったという説である。明治22年に立川村が成立したが、当時は神奈川県に所属し、明治26（1893）年に東京府に移管されている。この立川村は大正12（1923）年に立川町となり、昭和15（1940）年に東京市、八王子市に次いで3番目に市制を敷いて立川市となった。

　立川には昭和57（1982）年から官公庁等のヘリコプター運用を開始した立川飛行場が存在する。また、戦前には陸軍飛行第五連隊の立川飛行場が存在し、東京～大阪間の民間航路の出発点としても利用されていた。戦後はアメリカ軍の飛行場となり、返還後は国営昭和記念公園などになっている。

平成初期

▲立川駅ホーム
高運転台ATSタイプの103系も南武線で活躍した。このカラーでの顔つきは中央・総武緩行線、赤羽線、福知山線でも見られた。

▶立川駅 7番線ホーム
この立川駅では、南武線の列車は7・8番ホームを使用している。7番線ホームに停車しているのは、川崎行きの各駅停車である。

現在

平成21年

◀立川駅ホーム
左は当駅始発青梅線のE233系。右側には青梅発の201系による「青梅特快」の東京行きが到着した。「省エネ電車」でデビューした201系は平成22年に中央快速線から撤退した。

古地図探訪

立川駅付近

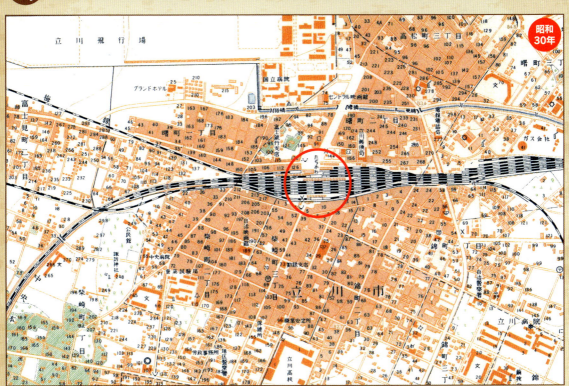

昭和30年

　地図の中央には、中央・南武・青梅線が集まる巨大な立川駅があり、その西北には、さらに大きな規模の立川飛行場の用地が広がっている。この時期あった国立病院、グランドホテルなどは姿を消し、立川駅北口の駅前は再開発されて大きく姿を変えている。立川駅の南側にも延びる、多摩モノレールの立川北駅が置かれ、その東側には立川タカシマヤ（高島屋）、パレスホテル立川、西側にはパークアベニューが誕生している。北東に見える立川郵便局は現在も健在である。
　一方、駅の南西には諏訪神社が存在し、現在は諏訪の森公園も整備されている。その東側の立川中央病院、立川第一小学校は現在も存在している。地図の下（南）側には都立立川高校が見える。西へ向かう南武〜青梅短絡線は現在も中央線からの下り「青梅特快」や五日市・八高線直通列車などが使用している。

昭和49年

撮影：岩堀春夫

ED16
国鉄名機関車の一つといってもよいデッキ付き機関車。18両が作られたが、末期には西立川に集中配置され、青梅線、南武線で石灰石原石輸送に使用された。昭和59年まで使用され、国鉄初期の電気機関車としては長命だった。

昭和49年　撮影：岩堀春夫

⬆立川駅ホーム
7番線ホームに折り返し列車が到着した。南武線が使用するホームは駅南側の東（国立）寄りに置かれている。

昭和49年　撮影：岩堀春夫

⬆立川駅構内の英字看板
戦前から飛行場があり、戦後はアメリカ軍関係の施設に転用されていた立川市。駅の看板にもアメリカ軍施設（ベース）への案内が英語で書かれていた。

昭和36年　撮影：竹中泰彦

⬆ED2711
南武鉄道生え抜きの機関車1000形で最初はED34といったが、昭和36年にED2711〜14になった。国鉄ED15と姉妹機ともいえる頑強な感じの50トン機関車。

昭和34年　撮影：荻原二郎

⬆ED181
昭和34年から35年にかけて短期間南武線で働いたED17の軸重軽減型機関車。

立川駅付近の空撮

駅ビルが誕生する前の立川駅周辺の空撮写真。南口駅前から伸びる都道149号立川日野線にも自動車の姿は少ない。北口駅前の広場には、路線バスの姿がある。その北（上）側にある一段背の高い白い建物は昭和37年にオープンした中武デパート（現・フロム中武）である。

提供：朝日新聞社

昭和42年

川崎市川崎区　川崎市幸区　横浜市鶴見区　川崎市中原区　川崎市高津区　川崎市多摩区　稲城市　府中市　国立市　立川市

八丁畷・川崎新町

Hatchonawate St. / Kawasakishinmachi St. /
はっちょうなわて　かわさきしんまち

八丁畷駅は昭和5年開業、京急線に連絡
川崎新町駅にも、東海道線貨物支線が通る

【八丁畷】	
所在地	神奈川県川崎市川崎区池田1-6-1
ホーム	1面1線（高架駅）
乗車人数	1,334人
開業年	昭和5（1930）年12月25日
キロ程	1.1km（尻手起点）

【川崎新町】	
所在地	神奈川県川崎市川崎区渡田王町26-4
ホーム	2面2線（地上駅）
乗車人数	1,358人
開業年	昭和5（1930）年3月25日
キロ程	2.0km（尻手起点）

【浜川崎】	
所在地	神奈川県川崎市川崎区南渡田町1-2
ホーム	1面1線
乗車人数	2,606人
開業年	昭和5（1930）年3月25日
キロ程	4.1km（尻手起点）

昭和42年

▲川崎新町駅

小さいながらも堂々たる構えを見せていた、川崎新町駅の木造駅舎。瓦屋根の駅舎、改札口の奥には、ホームに停車するタンク車がのぞく。

撮影：荻原二郎

現在

▲川崎新町駅

四角い外観を持つ川崎新町駅の改札口には、簡易Suica改札機が設置されている。1・2番ホームとは、地下通路で結ばれている。

現在

▲八丁畷駅

JRと京急が使用し、京急の管轄駅となっている八丁畷駅。平成元（1989）年に駅舎は改築され、三角屋根の建物となった。

現在

▲川崎新町駅のホーム

終日2両編成で運行される南武支線の205系。中原電車区に在籍しているこの車両は1000番代で、両端とも中間車からの改造車である。

　尻手駅から分かれた南武線の浜川崎支線、最初の停車駅が八丁畷駅である。この駅は京急本線の八丁畷駅と連絡、また、東海道線の貨物支線が鶴見駅まで延びている。南武線の駅の開業は昭和5（1930）年3月、当初は貨物駅だったが、翌月から旅客営業を開始した。一方、京急の駅はそれに先立ち、大正5（1916）年12月に開業している。南武線の駅は1面1線の高架駅、京急線の駅は相対式ホーム2面2線の地上駅である。

　駅名の「八丁畷」の由来は、川崎宿から市場村まであった距離8丁（約7km）の畦道（並木道）による。「畷（畷）」とは畦道のことである。

　次の川崎新町駅も、八丁畷駅と同じく昭和5年に開業し、翌月に旅客営業を始めている。駅の構造は単式ホーム2面2線を持つ地上駅で、浜川崎線の1・2番線のほかに、この駅を通過する東海道貨物支線を含めて、計4本の線路を有している。この駅がある区間は、貨物列車の本数が多く、川崎新町駅のホームで旅客列車が貨物列車の通過・連絡待ちをすることもある。

　川崎新町駅の所在地は、川崎区渡田山王町であるが、すぐ北側には「渡田新町」があり、駅名の由来とされている。

　浜川崎駅は大正7（1918）年5月、東海道貨物支線の貨物駅として開業。南武鉄道（現・南武線）には昭和5（1930）年3月、新浜川崎駅、浜川崎駅の2駅が開業し、昭和19（1944）年4月の国有化時に浜川崎駅に統合されている。

Hamakawasaki
浜川崎
はま　かわ　さき

▶**浜川崎駅ホーム**
南武支線から旧型国電が消えたのは昭和55年11月17日のことであり、そのときの編成はクモハ11244＋クハ16215であった。

昭和55年
撮影：荻原二郎

平成元年
撮影：岩堀春夫

◀**八丁畷駅ホーム**
昭和55年11月の旧型国電引退後、南武支線でもカナリア色の101系が使用されるようになった。その後、昭和63年3月にワンマン改造され塗装も変更された。

▶**南武支線の101系**
昭和57年11月南武支線から17m車が引退し、101系2両編成に置き換えられた。101系最小の編成ということで当時話題になった。

昭和57年
撮影：高野浩一

古地図探訪
八丁畷・川崎新町駅付近

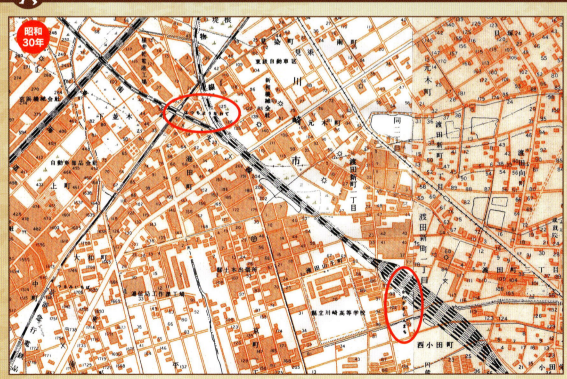
昭和30年

尻手駅から延びる南武線の支線が京急本線と交差する地点に、連絡駅となる八丁畷駅が置かれている。その先の南武線には川崎新町駅があるが、少し手前からは東海道線の川崎駅方面へ延びる貨物線があった。この工場が目立つ地区に存在するのが、川崎新町駅の西側にある神奈川県立川崎高校である。この学校は昭和2（1927）年に旧制川崎中学校として創立されている。その北西の京町に存在するのは、川崎市立京町小学校である。

一方、駅の東側の渡田町にある「文」の地図記号は、川崎市立渡田中学校である。現在、八丁畷駅の西側、下並木に存在する川崎市立川崎中学校は昭和29（1954）年、富士見中学校から分離独立して開校した。

川崎市川崎区 ／ 川崎市幸区 ／ 横浜市鶴見区 ／ 川崎市中原区 ／ 川崎市高津区 ／ 川崎市多摩区 ／ 稲城市 ／ 府中市 ／ 国立市 ／ 立川市

◀南武支線を走るクモハ12

昭和35年

川崎新町付近の特別高圧送電線の下を1両で走るモハ12形。他にもクモハ11形＋クハ16形の2両編成も運転されていた。

撮影：J.WALLY HIGGING

◀浜川崎機関区のC11

昭和35年

昭和30年代浜川崎機関区には10両以上のC11と3両のC12が配置され、DLに変わるまで電気機関車が牽いてきた貨車を各工場に配る役目を担当していた。

撮影：J.WALLY HIGGING

小田栄駅

南武支線の川崎新町～浜川崎間に新駅が誕生することになり、駅名は「小田栄」に決定した。近年小田栄地区は、かつての昭和電線の工場跡地などにスーパーやホームセンタ等商業施設が集合するなど街の発展やマンション建設で人口が飛躍的に増加しており、同地区に暮らす住民の新しい足となるよう期待されている。近くの小田栄交差点付近には、約半世紀前まで川崎市電が走り小田栄町電停があった。幹線道路には「市電通り」という名称も残っている。

南武線の浜川崎駅舎

昭和42年

撮影：荻原二郎

第2部
鶴見線

大正15（1926）年3月に貨物線としてスタートした鶴見臨港鉄道は、昭和5（1930）年10月に電化され、旅客営業を開始した。昭和9（1934）年12月には、念願の鶴見駅への乗り入れを実現するが、昭和18（1943）年7月に国鉄に買収され、鶴見線となった。海寄りの工場地帯を走る鶴見線には鶴見〜扇町間の本線と浅野〜海芝浦間の海芝浦支線、武蔵白石〜大川間の大川支線があり、13駅が存在する。

鶴見臨港鉄道沿線案内

鶴見線の前身である鶴見臨港鉄道には、海岸電気鉄道を買収した軌道線があったが、総持寺駅と大師駅を結ぶこの線は昭和12年に廃止された。鶴見〜国道間には、本山駅があったほか、海側に伸びる支線には廃止された石油、日清駅などが見える。沖合に浮かぶ扇島はこの頃、東京〜横浜間の海水浴場として大いに賑わっていた。

Tsurumi St.

鶴見
つるみ

東海道線に、
鶴見駅が明治5年に誕生
鶴見線の駅は昭和5年、鶴見臨港鉄道

所在地	神奈川県横浜市鶴見区鶴見中央1-1-1
ホーム	1面2線(地上駅(橋上駅)) 2面2線(高架駅)
乗車人数	77,755人
開業年	明治5(1872)年10月15日
キロ程	0.0km(鶴見起点)

昭和43年
撮影:荻原二郎

現在

🔺 **鶴見駅西口**
鶴見駅の西口には京急ストア鶴見西店があり、道路を挟んで西友鶴見店もある。西友南側のバスターミナルからは、横浜駅、新横浜駅、綱島駅などに向かう路線バスが発着している。

🔻 **鶴見線のりかえ口**
鶴見駅の東海道(京浜東北)線と鶴見線の間には中間改札口が設けられており、無人駅となっている鶴見線内駅の改札業務を集約している。

🔺 **鶴見駅西口**
現在の駅ビルに改築される前の鶴見駅西口。西口の旧駅ビルは、鶴見線の前身、鶴見臨港鉄道が建設したものが使われていた。

現在

◀ **鶴見駅東口**
鶴見駅東口のバス乗り場。駅ビル「つるみカミン」は、平成20(2008)年に閉館し、平成24(2012)年に新駅ビル「CIAL(シアル)鶴見」が開業した。

現在

　鶴見駅は明治5(1872)年10月、新橋～横浜間の鉄道開業時に誕生している。その後、大正6(1917)年に東海道線の貨物支線(現・高島線)、昭和4(1929)年に東海道線の支線(品鶴線)が開通している。また、昭和50年代には東海道貨物線の浜川崎～鶴見間、武蔵野線(武蔵野南線)の鶴見～府中本町間がそれぞれ開通し、貨物線を含めると多くの路線を結ぶ連絡駅となっている。

　現在の鶴見線の歴史は、前身である鶴見臨港鉄道が大正15(1926)年3月に開業。このとき、鶴見駅での国鉄線との接続はなく、昭和5(1930)年10月、弁天橋～鶴見仮停車場間が延伸して、連絡が実現した。その後、昭和9(1934)年12月、鶴見仮停車場から鶴見駅まで延伸し(鶴見仮停車場は廃止)、本格的な連絡となった。昭和18(1943)年に国有化されて、鶴見駅となった。

　「鶴見」という地名、駅名は、この地を流れる鶴見川に由来する。「ツル」は河川周辺の土地、「ミ」は「まわり、めぐり」の意味で、鶴見駅周辺で川が大きく湾曲していることに合致する。このほか、源頼朝がここで鶴を放ったという伝説も存在する。昭和2(1927)年、横浜市鶴見区になる前には鶴見町が存在し、それ以前は「生見尾」村だった。これは当時、合併する前の「生麦」「鶴見」「東寺尾」の各村から1字ずつをとった名称だった。

◉鶴見駅ホーム
八高線とともにJR発足後以降に103系の運転を開始した鶴見線。会社発足時は101系が活躍していた。103系が運転を開始したのは平成2年。

本山停留場

鶴見臨港鉄道の時代の昭和5年に鶴見～国道間に開業した。本山という名称は、付近にある曹洞宗大本山・總持寺からきている。總持寺に近いことはもちろん、かつてレジャーランドがあり、駅は大変賑わったが、戦時中の昭和17年に廃止された。現在も島式のプラットホームとわかる遺構が残っている。

◉鶴見駅ホーム
鶴見線のホームは頭端式2面2線の高架駅で、鶴見駅の西側に位置する。現在活躍している車両は205系1100番代。

◉鶴見駅ホーム
旧型国電の宝庫だった鶴見線にも新性能化が図られ、昭和54年12月に101系の運用が武蔵白石～大川間を除いて開始された。

🚶 古地図探訪

鶴見駅付近

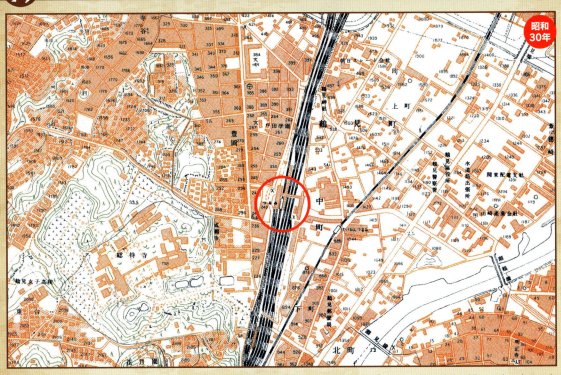

　地図の中央を南北に東海道線が走り、鶴見駅の西側ホームから発した鶴見線はまず、東海道線の線路に沿って南に走ることになる。東側では東海道線とは離れて走っていた京急本線が距離を縮めて、鶴見駅と隣接する地点に京浜鶴見（現・京急鶴見）駅が置かれている。さらに東側には、国道15号（第一京浜）が走り、鶴見川の流れがある。駅の東側には鶴見郵便局が存在し、海側の潮田町、本町通り方面へ潮鶴橋、潮見橋が架かっている。
　一方、西側には、曹洞宗の大本山である總持寺がある。この名刹は明治44（1911）年、石川県から移転してきた。その南に見える花月園は、戦前には大いに賑わった遊園地（娯楽施設）であり、戦後は花月園競輪場となり、川崎競輪場とともに南関東の競輪のメッカとなっていたが、平成22（2010）年に廃止された。

Kokudou St. / Tsurumiono St. / Bentenbashi St.

国道・鶴見小野・

国道交差点に国道、小野町に鶴見小野駅
弁天橋駅は大正15年、終着駅として誕生

【国道】
所在地	神奈川県横浜市鶴見区生麦5-12-14
ホーム	2面2線（高架駅）
乗車人数	1,532人
開業年	昭和5（1930）年10月28日
キロ程	0.9km（鶴見起点）

【鶴見小野】
所在地	神奈川県横浜市鶴見区小野町24
ホーム	2面2線（地上駅）
乗車人数	4,949人
開業年	昭和11（1936）年12月8日
キロ程	1.5km（鶴見起点）

【弁天橋】
所在地	神奈川県横浜市鶴見区弁天町1-2
ホーム	1面2線（地上駅）
乗車人数	5,416人
開業年	大正15（1926）年3月10日
キロ程	2.4km（鶴見起点）

昭和42年　撮影：荻原二郎

▲国道駅
鶴見臨港鉄道時代の面影をそのまま残している国道駅。この撮影から約半世紀が経過しても、建物、ガード下の風景はほとんど変わらない。

現在

◀国道駅
ゆるやかなカーブを描きながら存在する国道駅のガード下。自動販売機は新しいが、反対側の商店街には古い昭和の時代の香りが漂っている。

▶鶴見小野駅
ローカル線の駅らしいたたずまいを見せる鶴見小野駅。昭和46（1971）年に無人駅になる前で、駅員の姿も見える。

昭和43年　撮影：荻原二郎

　ユニークな名前の国道駅は、鶴見臨港鉄道時代に鶴見線と京浜国道（国道1号、現在の国道15号）との交差点であることから名づけられた。開業は昭和5（1930）年10月で、構造は相対式ホーム2面2線の高架駅。昭和46（1971）年以来、無人駅となっている。この駅のガード下は昭和の雰囲気を残しており、テレビ番組などでも紹介される機会が多い。

　次の鶴見小野駅は昭和11（1936）年12月、工業学校前停留場として開業した。昭和18（1943）年7月、国有化されて鶴見線となったときに駅に昇格し、現在の駅名に改称された。当初の駅名は、同じ年に開校した横浜市立鶴見工業実習学校からとられたもので、のちに鶴見工業高等学校となり、平成23（2011）年に閉校した。現在の駅名は、所在地の地名（小野町）からとられている。駅の構造は相対式ホーム2面2線の地上駅である。

　3つめの弁天橋駅は大正15（1926）年、鶴見臨港鉄道の開通時の終着駅として開業している。昭和5年には、当駅から鶴見仮停車場まで延伸した。また、昭和10（1935）年に鶴見川口駅までの貨物支線も開業している。島式ホーム1面2線を有する地上駅で、駅名の由来は駅近くに弁財天を祭る池が存在し、そこに橋が架けられていたことによる。

弁天橋
べんてんばし

◀鶴見臨港鉄道 昭和14年
開業初期にはアンチクライマー装備のダブルルーフの木製車両が運用されていた。
撮影：荻原二郎

▶新・旧交代の頃 昭和55年
当時の弁天橋電車区のスナップ。右が引退する72系（73形）でさよなら運転のマークを掲げている。左は後任を任された101系。
撮影：高野浩一

⬆弁天橋駅 昭和43年
当初は終着駅（貨物駅）として開業した弁天橋駅。駅前には花壇が設けられており、いまはない売店も置かれていた。

⬆国道駅のホーム 昭和62年
海芝浦発鶴見行きのクモハ11の1両編成。国道駅は昭和46年に無人駅となった。
撮影：荻原二郎

⬆弁天橋電車区付近 昭和63年
鶴見臨港鉄道が昭和5年に設置した車両基地。同社は貨物輸送でスタートしたが、昭和5年に隣接する海岸電気鉄道を買収し旅客営業に進出。同年に電化し電車の運行を開始して、車庫を置いたのが弁天橋であった。その後、弁天橋電車区の鶴見線車両は昭和63年に中原電車区と統合され、現在は中原電車区鶴見線営業所となっている。

古地図探訪　国道・鶴見小野・弁天橋駅付近

　東海道線の西側を走ってきた鶴見線はやがて線路を越えて、南東方向に向かう。国道15号（第一京浜）と交差する付近に置かれているのが国道駅、さらに鶴見川を越えた先に鶴見小野駅がある。また、産業道路を越えた先には3つめの弁天橋駅がある。鶴見川沿いに見える月島機械会社の跡地（小野町）には平成21（2009）年、横浜市立横浜サイエンスフロンティア高校が開校している。
　一方、この時期、鶴見小野駅の北東にあった横浜市立（鶴見）工業高等学校は、平成23（2011）年に閉校となっている。弁天橋駅付近には弁天橋電車区が見えるが、現在は鶴見線営業所になっている。地図の南側に延びる貨物線の先には廃止された鶴見川口駅貨物ヤードがある。

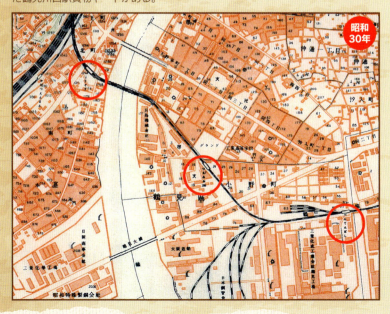

昭和30年

Asano St. / Anzen St. / Musashishiraishi St.
浅野・安善・武蔵白石
(あさの) (あんぜん) (むさししらいし)

鶴見線には、実業家名に由来する駅多数
武蔵白石駅は2代目、初代の駅は貨物駅

【浅野】
所 在 地	神奈川県横浜市鶴見区末広町2-1
ホ ー ム	3面4線(地上駅)
乗車人数	894人
開 業 年	大正15(1926)年3月10日
キ ロ 程	3.0km(鶴見起点)

【安善】
所 在 地	神奈川県横浜市鶴見区安善町1-4
ホ ー ム	1面2線(地上駅)
乗車人数	1,625人
開 業 年	大正15(1926)年3月10日
キ ロ 程	3.5km(鶴見起点)

【武蔵白石】
所 在 地	神奈川県川崎市川崎区白石町1-5
ホ ー ム	2面2線(地上駅)
乗車人数	1,601人
開 業 年	昭和6(1931)年7月25日
キ ロ 程	4.1km(鶴見起点)

昭和43年
撮影:荻原三郎

◀ **浅野駅**
扇町駅方面への線路、海芝浦駅方面への線路に挟まれる形で存在する浅野駅の駅舎。屋根の形などの外観はその後、変えられている。

▶ **武蔵白石駅**
外観は現在とほとんど変わらない武蔵白石駅。このころはまだ窓の姿があった。左側に見えるポストの形が旧式である。

昭和42年
撮影:荻原三郎

◀ **安善駅**
新年用の竹飾りが設けられている昭和時代の安善駅。昭和46(1971)年に無人駅となったが、駅舎の外観はほとんど変わっていない。

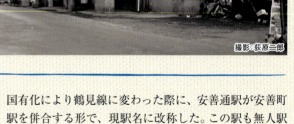
昭和42年
撮影:荻原三郎

　鶴見線は人名に由来する駅名があることでも知られる。浅野駅はそのひとつで、鶴見臨港鉄道の設立者、浅野総一郎にちなんで名づけられた。駅の開業は大正15(1926)年3月。当初は貨物駅で、昭和5(1930)年10月から旅客営業を開始した。昭和18(1943)年には鶴見川口駅までの貨物支線の分岐点が、弁天橋駅からこの浅野駅に変更されている。

　次の安善駅も、同じく実業家で安田財閥の創業者、安田善次郎の名からとられている。彼も鶴見臨港鉄道の開業に力を尽くした人物のひとりである。大正15(1926)年3月、貨物駅の安善町駅として開業。昭和5(1930)年10月、旅客駅の安善通駅も開業した。昭和18(1943)年7月、国有化により鶴見線に変わった際に、安善通駅が安善町駅を併合する形で、現駅名に改称した。この駅も無人駅で、島式ホーム1面2線を有している。「安善」は現在、地名にもなっている。

　武蔵白石駅も浅野駅、安善駅と同様に日本鋼管創業者の白石元治郎の名から、駅名がつけられている。白石駅は国鉄の函館本線(北海道)、東北本線(宮城県)、肥薩線(熊本県)にあり、武蔵を冠した駅名となった。大正15(1926)年3月に貨物駅として開業(初代)、いったん廃止された。昭和6(1931)年7月に旅客営業のみの武蔵白石停留場が生まれ、昭和11(1936)年3月、駅に昇格し、2代目武蔵白石駅となった。

古地図探訪

浅野・安善・武蔵白石駅付近

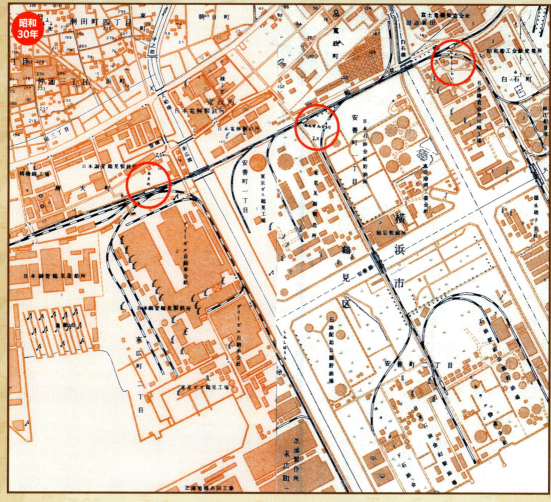

昭和30年

　地図の北側を走る鶴見線には、武蔵白石・安善通（現・安善）・浅野の3駅が置かれている。それぞれの駅付近からは、海岸方面に線路が延びており、2本は鶴見旅客線と現在は廃止された安善通～石油（のちに浜安善に改称）間の支線である。また、この時期、張り巡らされていた運河は現在、鶴見線の手前部分がほとんど埋め立てられ、中之橋、入船橋、末広橋などは姿を消している。

　また、この時期は海側を中心に多くの工場、貯油所が存在していたが、かなりの数が物流会社の倉庫などに変わっている。

浅野駅ホーム 昭和55年

中央・総武緩行線への103系冷房車の投入などにより捻出された101系が鶴見線の弁天橋電車区に配置され営業運転に就いた。その時期にはオレンジ色の車両も見られた。
撮影：高野浩一

鶴見線の103系 平成5年

101系投入時から方向幕の色分けがされるようになり、103系にも引き継がれた。扇町行きなどが赤色、海芝浦行きが緑色、大川行き（103系のみ）が黄色であった。

安善駅ホーム 現在

平成8年3月15日、首都圏最後の旧型国電クモハ12形が引退し、その翌日から大川行きの列車は安善から武蔵白石手前の渡り線を経て大川に向かうようになった。そのため大川行きは武蔵白石駅は通過することになったが、大川支線の正式な起点は武蔵白石駅である。

🔺**日本鋼管鶴見10号**
1912年、アメリカ・ボールドウイン製の機関車、僚機の9号は現在も犬山・明治村で客車を牽く現役である。

🔺**昭和電工2号機**
1885年にイギリスで生まれた古典機関車。この専用線は扇島から分岐していた。

🔺**三井埠頭1号**
扇町から自社の埠頭までの専用線で働いた元国鉄のB106。

🔺**第一セメント1404**
第一セメントの引き込み線は浜川崎から分岐、工場に導かれていた。機関車は1895年のドイツ・クラウス製。

🔺**東洋埠頭C10**
1941年に立山重工で製造。元相模鉄道のC5010で、相模鉄道が国有化される際、買収されることなく転属してきたといわれる。

🔺**第一セメントのディーゼル機関車**
動力近代化のため各工場の機関車のディーゼル化が進んだ。写真は昭和35年に投入された日立製の1号機関車。

昭和29年

🔺浅野駅ホーム
浅野駅の2番線ホームに1両編成の列車が停車している。この1・2番線を鶴見線の本線と大川支線、3・4番線を海芝浦支線が使用している。ホームの屋根は木造である。

撮影：中西進一郎

昭和50年

🔺海芝浦支線
浅野〜新芝浦間を走るクハ79形。鶴見臨港鉄道が昭和18年に国有化されたのが現在のJR鶴見線である。この付近の風景は今と大きく変わらない。

撮影：J.WALLY HIGGING

鶴見線沿線の京浜工業地帯俯瞰

扇島の上空から見た鶴見線沿線の工業地帯の俯瞰写真である。手前には幅の広い京浜運河が見え、田辺運河、南渡田運河などに続いている。左手に見えるガスタンクは現在、昭和シェル石油の横浜事業所となっており、運河の対岸には日清製粉鶴見工場がある。

Hamakawasaki St. / Syouwa St. / Ougimachi St.
浜川崎・昭和・扇町

浜川崎駅に鶴見線・南武線・東海道貨物支線
昭和肥料の昭和駅、浅野家紋から扇町駅

【浜川崎】
所在地	神奈川県川崎市川崎区鋼管通5-9-1
ホーム	1面2線(地上駅)
乗車人数	2,606人
開業年	大正7(1918)年5月1日
キロ程	5.7km(鶴見起点)

【昭和】
所在地	神奈川県川崎市川崎区扇町1
ホーム	1面1線(地上駅)
乗車人数	569人
開業年	昭和6(1931)年3月30日
キロ程	6.4km(鶴見起点)

【扇町】
所在地	神奈川県川崎市川崎区扇町4-5
ホーム	1面1線(地上駅)
乗車人数	611人
開業年	昭和3(1928)年8月18日
キロ程	7.0km(鶴見起点)

▲浜川崎駅
長屋のような外観を持っていた浜川崎駅の木造駅舎。駅に隣接して存在した「福一ベーカリー」は現在、川崎区小田五丁目に移転している。

▶昭和駅
ゆるやかにカーブしている昭和駅のホームと駅舎。昭和の国電にぴったりだった駅舎は、いまもほとんど変わらない姿で存在する。

◀配給電車 モニ3405
沿線の特性から、配給電車の活躍も目立った。

　鶴見線、南武線、東海道貨物支線の3線が交わる場所に存在するのが浜川崎駅である。最初に誕生したのは大正7(1918)年5月、東海道貨物支線の貨物駅で、この駅が終着駅だった。その後、鶴見臨港鉄道の浜川崎駅が大正15(1926)年3月、渡田駅が昭和4(1929)年3月に開業した。当初は貨物駅だったこの2駅が国有化時に合体して、鶴見線の浜川崎駅となった。一方、南武鉄道の新浜川崎駅、浜川崎駅が昭和5(1930)年3月に開業。当初は貨物駅だった2駅が同じく国有時に合体し、浜川崎駅となっている。

　昭和駅は鶴見臨港鉄道の昭和停留場として、昭和6(1931)年3月に開業している。昭和18(1943)年7月の国有化時に駅に昇格した。駅名の「昭和」の由来は、駅付近にあった昭和肥料(現・昭和電工)工場の最寄り駅であったからである。この駅が通る区間は、電車線と貨物線の単線並列区間で、ホームの構造は単式1面1線の地上駅である。

　鶴見線の扇町駅は昭和3(1928)年8月、鶴見臨港鉄道の終着駅からスタートした。当初は貨物駅で、2年後に旅客営業を開始している。駅名、地名となっている「扇町」は、埋め立て地の名称で、浅野財閥の創業家・浅野家の家紋である扇にちなんでつけられている。

🔺東洋埠頭 【昭和29年】
元東武鉄道の機関車で、1925年の雨宮製。

🔺クモハ12形が扇町駅に到着 【昭和35年】
駅舎の手前には売店があり、たばこや牛乳を販売していた。現在、当駅は日中2時間に1本しか列車が到着しない。

◀昭和電工前の踏切 【現在】
駅名の由来となっている昭和電工川崎事業所前の踏切。昭和駅から終点の扇町駅まではわずか0.6kmである。

🔺昭和駅の205系 【現在】
すっかり鶴見線の顔となった205系は黄色とスカイブルーの帯が巻かれている。なお、浜川崎～扇町間の旅客線は単線である。

古地図探訪
浜川崎・昭和・扇町駅付近

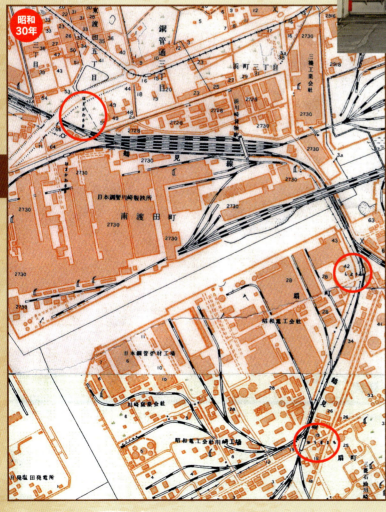

　現在は南武線と鶴見線が接続する地点に浜川崎駅が置かれているが、この地図上では浜川崎貨物駅と記されている。鶴見線は南渡田運河を渡り、その先の扇町地区に昭和、扇町の2つの駅が置かれている。

　また、この地図上では、点在する工場、発電所などへ引き込み線が張り巡らされていた様子がわかる。南から川崎埠頭会社、三菱石油川崎製油所、東京鉄道局川崎発電区、昭和電工会社川崎工場、川崎窯業会社、日本鋼管炉材工場、日本鋼管扇町工場などへの引き込み線で、現在も使われている線も存在する。この扇町から京浜運河を渡った先には扇島が造られ、現在は扇島太陽光発電所が設置されているほか、首都高速湾岸線が通っている。

Shinshibaura St. / Umishibaura St. / Ookawa St.
新芝浦・海芝浦・大川

海芝浦支線には新芝浦・海芝浦の2駅が
大川の線名と駅名は、製紙王の名前から

【新芝浦】
所在地	神奈川県横浜市鶴見区末広町2
ホーム	2面2線（地上駅）
乗車人数	362人
開業年	昭和7（1932）年6月10日
キロ程	0.9km（浅野起点）3.9km（鶴見起点）

【海芝浦】
所在地	神奈川県横浜市鶴見区末広町2
ホーム	1面1線（地上駅）
乗車人数	3,250人
開業年	昭和15（1940）年11月1日
キロ程	1.7km（浅野起点）4.7km（鶴見起点）

【大川】
所在地	神奈川県川崎市川崎区大川町2－2
ホーム	1面1線（地上駅）
乗車人数	1,009人
開業年	大正15（1926）年3月10日
キロ程	1.0km（武蔵白石起点）1.6km（安善起点）5.1km（鶴見起点）

昭和43年

▲ **新芝浦駅**
土蔵のような外観を持っている新芝浦駅の駅舎。出札口、改札口を備えていた時期のもので、ひと組の若い男女の姿もある。

撮影：荻原二郎

昭和43年

▶ **大川駅**
列車は朝と晩しかやって来ない、大川駅の駅舎。木造の簡素な駅舎で、現在もその外観はほとんど変わっていない。

◀ **海芝浦駅**
海辺の終着駅らしい姿を示している海芝浦駅。強い海風にも耐えられるような、どっしりとしたコンクリート造りの駅舎だった。

撮影：荻原二郎

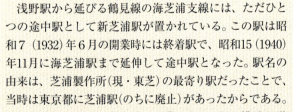

昭和42年

撮影：荻原二郎

　浅野駅から延びる鶴見線の海芝浦支線には、ただひとつの途中駅として新芝浦駅が置かれている。この駅は昭和7（1932）年6月の開業時には終着駅で、昭和15（1940）年11月に海芝浦駅まで延伸して途中駅となった。駅名の由来は、芝浦製作所（現・東芝）の最寄り駅だったことで、当時は東京都に芝浦駅（のちに廃止）があったからである。

　海芝浦駅は昭和15年11月の開業である。駅の構造は単式ホーム1面1線を有する地上駅で、終着駅であるため、終点側の端に改札口がある。ホームが京浜運河に面しており、横浜ベイブリッジが望める立地から、「関東の駅百選」に選ばれている。この駅は東芝京浜事業所の敷地内にあり、原則として東芝の社員証、入門許可証などを所持している人以外は改札外に下車することはできないが、駅構内にある東芝が整備した海芝公園を訪れることはできる。

　大川駅は鶴見線の大川支線で唯一の駅である。大正15（1926）年3月、鶴見臨港鉄道の貨物駅として開業、昭和5（1930）年10月に旅客営業を開始した。駅名の「大川」の由来は、製紙会社を経営し「製紙王」といわれた大川平三郎の名に由来する。単式ホーム1面1線を有する地上駅で、この駅を出た列車は武蔵白石駅近くを通り、次の安善駅に停車することになる。

昭和35年
△新芝浦付近
運河に沿って走るクモハ12形。方向幕が貫通扉ではなく左側に取り付けてある。架線柱が木製であり時代を物語る。
撮影：J.WALLY HIGGING

昭和34年
△大川支線
国鉄には珍しい高圧送電線の下を走るクモハ12形。現在この区間は平日でも、9往復しか列車が通らない。
撮影：荻原二郎

現在
◁海芝浦駅ホーム
いろいろな媒体で取り上げられる日本で一番海に近い海芝浦駅。昭和の時代も現在も、鉄道ファンや鉄道好きの親子などが多く訪れる。

▷大川駅ホーム
終着の大川駅に停まる205系。右側のホームに面した側線は貨物扱いがなくなった現在、草が群がり生えている。

現在

▷武蔵白石 時刻表
高度成長期の真っ只中だったので京浜工業地帯は活気に満ちていた。大川支線の運転本数も今では考えられないほど多かった。
昭和53年
撮影：高野浩一

古地図探訪

新芝浦・海芝浦・大川駅付近

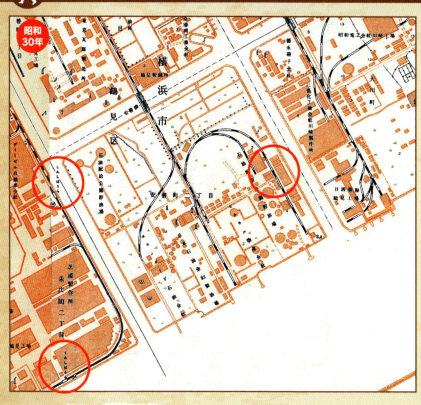
昭和30年

海側の京浜運河方面に鶴見線の2本の支線が延び、日本石油会社製油所方面にも引き込み線がある。南側の海芝浦支線には新芝浦・海芝浦の2駅、大川線には大川駅が置かれている。このうち、最も海に近いのは海芝浦駅で、末広町二丁目の芝浦製作所（現・東芝京浜事業所）の敷地内にある。この駅の先には現在、海芝公園が開園している。

その手前の新芝浦駅付近には、郵便局の地図記号が見えるが、現在は存在しない。一方、運河に架かる大川橋を渡った場所にあるのが大川駅である。このあたりの地名も大川町で、製紙王・大川平三郎の名からつけられたものである。駅付近には昭和電工、三菱化工機などの工場が見え、海側には日清製粉の鶴見工場がある。

生田 誠（いくた まこと）

昭和32年、京都市東山区生まれ。東京大学文学部美術史学専修課程修了。産経新聞東京本社文化部記者などを経て、現在は地域史・絵葉書研究家。絵葉書を中心とした収集・研究を行い、集英社、学研パブリッシング、河出書房新社、彩流社等から著書多数。

【写真提供】
J.WALLY.HIGGINS、岩堀春夫、小川峯生、沖田裕作、荻原二郎、髙井薫平、高野浩一、高橋義雄、竹中泰彦、中西進一郎、満田新一郎、山田虎雄
朝日新聞社、川崎市市民ミュージアム、京王電鉄

【沿線案内図提供】
横浜都市発展記念館

【絵葉書提供】
生田誠

【鉄道写真の解説】
小川峯生、髙井薫平、高野浩一

南武線・鶴見線 街と駅の1世紀

発行日 …………… 2015年12月5日　第1刷　　※定価はカバーに表示してあります。

著者 …………… 生田誠
発行者 …………… 佐藤英豪
発行所 …………… 株式会社アルファベータブックス
　　　　　　　　　〒102-0072　東京都千代田区飯田橋 2-14-5　定谷ビル 2F
　　　　　　　　　TEL. 03-3239-1850　FAX.03-3239-1851
　　　　　　　　　http://ad-books.hondana.jp/

編集協力 …………… 株式会社フォト・パブリッシング
校正 …………… 加藤佳一
デザイン・DTP …… 柏倉栄治
印刷 …………… モリモト印刷株式会社

ISBN 978-4-86598-807-9 C0026
本書は日本出版著作権協会（JPCA）が委託管理する著作物です。
複写（コピー）・複製、その他著作物の利用については、事前にJPCA（電話 03-3812-9424、e-mail:info@jpca.jp.net）の許諾を得てください。なお、無断でのコピー・スキャン・デジタル化等の複製は著作権法上での例外を除き、著作権法違反となります。